Sante de Santis

Il Mondo della Pasta

Frische Pasta selbst gemacht

Mit Fotografien von Nik. Biver

Sante de Santis

Il Mondo della Pasta

Frische Pasta selbst gemacht

UMSCHAU

4 CT 1087
4 CT 930

Inhalt

Liebe Leserinnen und Leser,

»Il Mondo della Pasta – die Welt der Pasta«, diesen Titel habe ich diesem Buch gegeben, weil wir uns mit einem wesentlichen Kapitel der italienischen Kultur beschäftigen: mit der Kunst des Kochens und Genießens. Und hier werden wir eine ganz eigene Welt betreten – die Welt der frischen Pasta.

Das Wort PASTA verbindet gleichzeitig verschiedene wichtige Aspekte der »Vivere la vita« in Italien. Seit Jahrtausenden prägt dieses Grundnahrungsmittel unsere kulinarische Tradition und damit unseren Lebensstil.

Die italienische Kochkunst ist aus der spannenden und ereignisreichen Geschichte unserer Kultur hervorgegangen und es ist nicht übertrieben zu sagen, die erste »hohe Kunst des Kochens« in Europa habe sich auf der italienischen Halbinsel entwickelt. Asiatische Einflüsse, die orientalische Note arabischer Kultur und die unvergleichliche regionale Vielfalt machen unsere Küche einzigartig in der Welt der Gastronomie. Und wo findet sie ihren schönsten Ausdruck? Richtig: in dem reichen Angebot an Pasta, das der Stiefel Europas zu bieten hat!

Ein Buch über die Welt der frischen Pasta zu schreiben, ist für mich die beste Art und Weise der Identität Italiens Ausdruck zu verleihen.

Eine Herausforderung, die ich besonders gerne annehme - wäre ich doch ohne Pasta buchstäblich die Hälfte von dem, was ich heute bin.

Ich wünsche Euch viel Spaß und
buon appetito

Euer Sante

BOSCH
Sante De Santis

Prefatio

Die Welt der Pasta ist grenzenlos. Kaum ein anderer kulinarischer Aspekt ist in den Küchen der unterschiedlichsten Kulturen derart verbreitet. *La Pasta* ist mehr als ein gewöhnliches Nahrungsmittel: Für uns Italiener ist sie philosophisch, historisch und politisch ebenso von Bedeutung wie kulinarisch.

Es sind also nicht nur die für unsere Ernährung so wichtigen Kohlenhydrate, die Pasta zu einem der weltweit wichtigsten Nahrungsmittel machen. Pasta schmeckt immer gut, ist sehr vielfältig, lässt sich einfach und schnell herstellen. Sie scheint damit sogar recht gut zu unserer heutigen, von Stress und Hektik geprägten Lebensart zu passen. In Wahrheit aber ist in der Zubereitung und im Genuss von frischer Pasta viel ihrer alten Tradition erhalten geblieben. Das ist für mich das Entscheidende: Sie verkörpert Familiensinn, Zufriedenheit und Genuss – sie ist einfach *perfetto*.

Über die Herkunft der Pasta gibt es unzählige Geschichten. China, arabische Länder und die Italiener beanspruchen den Ursprung des beliebten Nahrungsmittels für sich. Die bekannteste und schönste Geschichte ist sicherlich die des großen Venezianers Marco Polo, der am Ende des 13. Jahrhunderts das Rezept für die Teigwarenzubereitung von seinem 25-jährigen Aufenthalt in China nach Italien gebracht haben soll. Allerdings gibt es mittlerweile genügend Hinweise, die belegen, dass Pasta weit vor der Zeit Marco Polos im heutigen Italien bekannt war. Die unterschiedlichsten Kulturen »streiten« um den Ursprung der Pasta, aber etwas ganz Wesentliches haben sie gemeinsam: die Weitläufigkeit ihrer Handelsbeziehungen, ihre Häfen und ihre geografische Position an den Küsten der großen Weltmeere. Pasta ist offenbar eines der ersten globalen Phänomene. Aber seien wir mal ganz ehrlich: Von niemandem wurde die Welt der Pasta so nachhaltig inspiriert wie von uns Italienern.

Nun, die genauere Analyse überlasse ich den »Leseratten«, die sich anhand der umfangreichen Literatur in das Thema vertiefen möchten.

Die Welt der Pasta teilt sich in zwei wichtige Kategorien, die *Pasta secca* und die *Pasta fresca*. In diesem Buch werden wir uns auf den zweiten Aspekt konzentrieren, auf die *Pasta fresca* – die frische Pasta. Bevor wir damit aber richtig loslegen, gebe ich Euch hier noch einige Informationen zur *Pasta secca* oder *asciutta*. Ich bezeichne sie lieber als *Pasta asciutta*, weil der Begriff der *Pasta secca* uns auch noch einmal bei der frischen Pasta begegnen wird.

Seitdem Pasta unter diesem Namen bekannt ist, hat sich das Grundrezept für die *Pasta asciutta* nicht geändert, sie besteht aus Hartweizengrieß, Wasser, evtl. Salz und Olivenöl.

Der Teig aus dem Grieß des harten Weizen, Durum, war das erste Lebensmittel in Italien, das industriell hergestellt wurde – mit gutem Grund, denn die Verarbeitung des harten Weizengrieß ist wirklich harte Arbeit. Für die Herstellung werden die Zutaten vermengt und verknetet, bis sich der Teig zu olivengroßen Klümpchen bindet. Dieser Teig wird durch Walzen aus Messing oder Kupfer gepresst. Die Teigplatten, die dabei entstehen, werden der Länge nach geschnitten und getrocknet. Sehr hochwertige *Pasta asciutta* werden bis zu 15 Stunden bei relativ niedrigen Temperaturen zwischen 50 und 70 °C getrocknet, dann verpackt und verkauft. Auch die großen Pastakonzerne verarbeiten *Pasta asciutta* auf diese Weise – nur mit etwas größeren Maschinen.

Soviel zu *Pasta asciutta*. Wir überlassen sie der industriellen Herstellung. Es gibt sehr gute und hochwertige Sorten, die fertig zu kaufen sind und die wir selbst nicht besser machen können. Nicht so die *Pasta fresca*. Da lohnt sich die frische Zubereitung zuhause auf jeden Fall. Der Schritt zwischen *Pasta asciutta* und *Pasta fresca* ist nicht weit: Die Zutaten sind ungefähr die gleichen, die Zubereitung ist ähnlich. Heute lässt sich zwar auch *Pasta fresca* industriell herstellen, aber das ist eine andere Geschichte …

Wir machen sie hier natürlich ganz frisch – die wunderbarste Art, Pasta zu genießen!

Die Herstellung des Grundteiges

Die *Pasta fresca,* die frische Pasta, der wir in diesem Buch unsere ganze Aufmerksamkeit widmen, kann man nach der Art ihrer Grundteige in zwei verschiedene Gruppen unterteilen:

Pasta secca:

Dies sind *Pasta fresca,* deren Grundteig ohne Ei hergestellt wird. In Regionen wie Ligurien, Apulien und Toscana werden *Strozzapreti, Cavatelli* oder *Orecchiette* mit diesem Teig hergestellt, Spezialitäten, die auf der gesamten italienischen Halbinsel – nein, eigentlich sogar weltweit – bekannt sind. Die Herstellung von *Pasta fresca* ohne Ei erfordert aber ein bisschen Erfahrung. Deshalb schlage ich vor, dass wir zunächst mit dem Thema *Pasta all'uovo* beginnen. Dann kommen wir etwas in Übung ...

Pasta all'uovo:

Dies sind die *Pasta fresca* mit Ei. Dieser Teig ist dem Teig der *Pasta secca* sehr ähnlich, aber er wird für andere Pasta-Sorten genutzt. Vor allen Dingen für die gefüllten Pasta ist dieser Teig sehr gut geeignet, weil er sich leichter verarbeiten lässt.

Natürlich gibt es in beiden Gruppen dieser Einteilung eine riesige Zahl an Variationen. Mit einem typischen Merkmal – einer kleinen Änderung der Rezeptur oder der Nutzung eines ganz speziellen Werkzeugs zur Herstellung der Pasta – haben sich eine Vielzahl regionaler Spezialitäten entwickelt.

Aus diesem Grund können wir heute in Italien zwischen *Pasta all'uovo* und *Pasta secca* über 300 Sorten vorweisen, die wiederum durch *regional unterschiedliche Benennung* und kleine Abwandlungen mehr als 600 Typen ergeben.

Mit den folgenden zwei klassischen Grundteigen zur Herstellung frischer Pasta steht uns eine gute Basis für alle weiteren Variationen zur Verfügung. Zunächst aber präparieren wir unsere Arbeitsfläche, wie es sich für eine richtige Pasta-Herstellung gehört.

Am besten lässt sich der Pastateig auf einem Holzbrett verarbeiten. Stellt Euch für diese Arbeit ein eigenes Pastabrett her – es lohnt sich! Man kann es jahrelang nutzen, perfekt wird es nämlich erst, wenn es so 30- bis 40-mal gebraucht wurde. Holz und Pasta gehören unabdingbar zusammen, sie erhalten sich gegenseitig die richtige Temperatur und bewahren vor dem Austrocknen. Zur Aufbewahrung hängt man das Brett einfach hinter die Küchentür, das ist praktisch und sieht auch gut aus: wie in jeder italienischen Küche, in der die Tradition der Pasta bewahrt wird.

Die besten Resultate erzielt man auf einem Pastabrett aus massivem Eichenholz. Besorgt Euch zu diesem Zweck im Baumarkt ein ca. 2,5 Zentimeter dickes Brett von 1 Meter Länge und 80 Zentimeter Breite. Das Holz sollte naturbelassen sein, nicht gebeizt, nicht behandelt oder lackiert. Zusätzlich benötigt Ihr 2 Schrauben und 1 Meter dünnen Draht. Befestigt die beiden Schrauben in Handbreite an einer Querseite des Brettes und verbindet diese beiden Schrauben locker in mehreren Bahnen mit dem Draht, damit eine Schlaufe entsteht (diese Schlaufe ist sehr wichtig, da das Holzbrett aufgehängt werden muss, sonst verzieht es sich nach dem Kontakt mit Feuchtigkeit).
Fertig ist das eigene Pastabrett. Ein Original-Pastabrett kostet sicherlich das Zehnfache und auf diesem selbst gemachten Brett lässt es sich mindestens ebenso gut arbeiten.

Damit das Brett nicht rutscht, breite ich beim Arbeiten zwei feuchte Tücher unter dem Brett aus. So bleibt beim Kneten alles fest auf dem Tisch.

Die Grundteige

So, jetzt ist alles vorbereitet und es kann losgehen. Dies sind die Grundzutaten für die beiden klassischen Pastateige:

Grundteig Typ 1:

für ca. 10–12 Personen
(unter einem Kilo Mehl erhält
man keinen richtig guten Teig.)

1 kg Hartweizengrieß (z.B. von der Firma De Cecco)
ca. 1/4 l Wasser
dazu kommen
5 EL kalt gepresstes Olivenöl
und eine Prise Salz

Grundteig Typ 2:

für 8 Personen

1 kg Mehl Type 405
8 frische, mittelgroße Eier
dazu kommen 5 EL kalt gepresstes Olivenöl
und eine Prise Salz

Oft wird empfohlen, auch zu diesem Teig noch 1/4 Glas frisches, kaltes Wasser hinzu zu fügen. Ich lasse das Wasser aber lieber weg und beziehe die Elastizität des Teiges ausschließlich aus den Eiern.

Verarbeitung

Grundteig Typ 2

Beginnen wir mit der Verarbeitung des Grundteiges Typ 2. Er lässt sich einfacher herstellen und ist als erste Übung gut geeignet. Ich benutze keine Maschine für die Herstellung des Teiges, sondern verarbeite ihn ausschließlich mit den Händen. Das ist zwar anstrengender, aber Ihr bekommt dadurch ein besseres Gefühl für den Teig und könnt spüren, wann er die richtige Konsistenz hat.

- Das Mehl siebe ich auf die Mitte des Holzbrettes oder eine andere glatte Arbeitsfläche zu einem kleinen Hügel.
- Mit der Faust drücke ich das Mehl aus der Mitte an den Rand, damit eine Mulde entsteht.
- Die Eier, das Olivenöl und das Salz werden in diese Mulde gegeben.
- Die Flüssigkeit in der Mulde vermenge ich dann langsam mit dem Mehl aus dem inneren Rand der Mulde. Das Mehl wird nach und nach von innen nach außen in die Teigmasse gearbeitet, ohne dass der »Damm« der Mulde bricht (arbeitet dabei immer nur mit einer Hand, damit die andere sauber bleibt).

- Wenn sich die Flüssigkeit der Eier mit dem Mehl soweit verbunden hat, dass die Eier nicht mehr weggleiten, schiebe ich das übrige Mehl mit beiden Händen vom Teig weg. Es wird später nach und nach unter den Teig geknetet.

- Zuerst aber sollten alle Zutaten gut mit den Fingern vermischt werden. Dabei entstehen etwa olivengroße Klumpen, die noch ziemlich feucht sind (nicht erschrecken, das ist ganz normal!).

- Zur weiteren Verarbeitung gebe ich nach und nach so viel Mehl zum Teig, bis er nicht mehr an den Fingern klebt. Dann fängt das richtige Verarbeiten des Teiges, das Kneten, an.

- Formt mit den Händen eine Kugel und knetet sie mit dem Ballen der Hand. Dabei drückt der Handballen den Teig immer wieder in die Mitte: Die Finger ziehen den Teig zur Brettkante und der Handballen schiebt ihn wieder nach vorne. Diese Prozedur immer wieder wiederholen, bis ein elastischer Teig entsteht. Wenn ich merke, dass der Teig beim Kneten zu feucht wird, gebe ich immer wieder ein wenig Mehl dazu.

  Ist der Teig perfekt, legen wir ihn in eine Metallschüssel, ritzen ihn kreuzweise ein und bedecken die Schüssel luftdicht mit Frischhaltefolie.

- Der Teig sollte sich mindestens 20 Minuten außerhalb des Kühlschranks ausruhen. Falls der Teig für den morgigen Tag vorgesehen ist, sollte er im Kühlschrank aufgehoben werden. Der Teig kann bis zu 2 Tage vor der Zubereitung der Pasta fertig gestellt werden, ist er noch älter, wird er grau. Wichtig ist, dass der Teig wieder die Zeit hat, auf Raumtemperatur zu kommen, bevor er zu Pasta wird, denn dann lässt er sich auch richtig weiter verarbeiten und ausrollen. Das eingeritzte Kreuz gilt tatsächlich eigentlich als katholischer Brauch, allerdings kann der Teig dadurch auch besser »entspannen«. Die Zubereitung war auch für ihn sehr anstrengend.

Meine Mamma sagt immer »ich mache einen 4, 6 oder 8 Eier-Pastateig«, sie würde nie sagen: »ich mache Teig mit 1 Kilo Mehl« oder so ähnlich. Als Basis für ein Abendessen oder ein Menü zählt also immer die Anzahl der Gäste: Pro Person rechnen wir ein Ei. … und bei Pastateig ohne Ei 1 Kilo für 10 Personen.

Grundteig Typ 1

- Bei der Herstellung von Grundteig Typ 1 nutze ich wegen des Wasseranteils zunächst gerne eine Schüssel. Keramik- oder Metallschüsseln eignen sich hierfür gut, da sie »geschmacksneutral« sind.
- Hartweizengrieß, etwas Wasser, Olivenöl und Salz werden in einer Schüssel mit der Hand gut vermengt. Das Wasser wird (am besten lauwarm) nach und nach zum Teig gegeben und untergeknetet. Wird der Teig zu zäh, fehlt noch etwas Öl. Beides sollte immer ganz nach Gefühl hinzugefügt werden.
- Beginnt der Teig geschmeidig zu werden, kann er auf einer mit Grießmehl bestreuten Holzfläche geknetet werden.
- Dabei nutze ich immer nur so viel Mehl von der Fläche, wie der Teig gerade braucht.
- Beim Kneten wird der Teig mit den Fingern übereinander gezogen und mit den Handballen wieder auseinander gedrückt. Der fertige Teig ist schön homogen, flexibel und trotzdem fest.

- Damit er sich erholen kann, bevor er weiterverarbeitet wird, ritzen wir den Teig kreuzweise ein und stellen ihn mit Frischhaltefolie luftdicht verschlossen etwa 20 Minuten zur Seite.
- Im Kühlschrank hält sich der Pastateig zwei Tage, bis er weiter verarbeitet wird. Länger sollte er darauf nicht warten müssen. Bevor er dann ausgerollt wird, sollte er wieder auf Raumtemperatur kommen, dann ist er leichter zu verarbeiten.
- Diese Verarbeitungsschritte sind für die Konsistenz des Pastateiges sehr wichtig. Der fertige Teig ist geschmeidig, elastisch, aber fest, ohne zu klumpen.

Bei der Herstellung von Pasta spielen verschiedene Faktoren eine wichtige Rolle: die Feuchtigkeit des Raumes, das Gewicht der Eier (wenn welche im Teig sind), sogar die Jahreszeit und vieles mehr. Auch wenn es also Grundrezepte für Pastateig gibt, wird sich niemand in ganz Italien sklavisch an das Rezept halten, sondern sich immer an der Tagesform des Teiges orientieren, damit seine Konsistenz immer gleich gut wird. Die Herstellung von Pastateig braucht ein bisschen Erfahrung, aber mit der Zeit werdet Ihr ein reges Zwiegespräch mit dem Teig führen und ihn immer wieder danach befragen, ob er noch ein bisschen Mehl benötigt, oder noch etwas geknetet werden möchte.

Mein Pastateig

Viele Köche stellen ihren Pastateig mit Hartweizengrieß her, wie bei der *Pasta asciutta* – schließlich ist Pasta traditionell aus Hartweizen und nicht aus Weichweizen gemacht.
Ich gehöre zu den Liebhabern von Hartweizengrieß. Daher habe ich auch mein eigenes Rezept für Pastateig entwickelt und verwende sowohl für Bandnudeln als auch für gefüllte Teigtaschen etwas Hartweizengrieß.

Meine Rezeptur lautet wie folgt:

Ich benötige 1 kg Mehl, das sich aus zwei Mehlsorten zusammensetzt:

Für Bandnudeln
750 g Weichweizenmehl Type 405 und
250 g deutscher Hartweizengrieß

Für Teigtaschen
500 g Weichweizenmehl Type 405 und
500 g deutscher Hartweizengrieß

Italienischer Hartweizengrieß ist feiner gemahlen als der deutsche Hartweizengrieß. Wenn Ihr die Möglichkeit habt, italienischen Grieß zu verwenden, dann könnt Ihr auch für die Teigtaschen 750 g Grieß und 250 g Mehl Type 405 verwenden. Das ist auch sehr schön für die Farbe des Teiges, er wird dadurch etwas gelber.

Ich stelle 2 Mulden ineinander her, mit dem Grieß nach innen, weil ich so viel Grieß wie möglich in meinem Teig haben möchte! Hartweizengrieß wird nicht gesiebt, damit die etwas gröbere Körnung als die des Weichweizenmehls erhalten bleibt. Das hindert den Teig daran zu kleben.

Mit
8 bis 10 Eiern (je nach Größe)
16 EL Olivenöl
1 EL Salz

wird dieser Teig dann ebenso verarbeitet, wie die anderen Grundteige. Denkt daran, immer nur so viel Mehl einzukneten, wie der Teig es verlangt.

Nun, liebe Leser und Leserinnen, habt Ihr eine schöne Auswahl an Teigrezepturen, die versprechen zu köstlichen Pasta zu werden, und viele Tipps für die richtige Behandlung des Pastateiges. Im nächsten Kapitel werden wir daraus die wunderbarsten Pasta schneiden und formen.

Viel Vergnügen!

Das Ausrollen des Teiges

Durch das Ausrollen des Teiges bereiten wir ihn darauf vor, zu leckeren und schönen Pasta zu werden. Das Ausrollen ist nicht nur eine Technik, um dem Teig die richtige Dicke zu geben: Ausrollen und anschließendes Trocknen geben dem Teig die ideale Konsistenz, um ihn weiter zu verarbeiten.

Damit der Teig nicht austrocknet, wird immer nur mit einem Teil davon gearbeitet. Am besten ist es, die Teigkugel in vier Teile zu schneiden, ein Viertel zu verarbeiten und den Rest wieder mit Folie zu bedecken.

Es gibt verschiedene Arten die Pasta auszurollen:

Mit dem Teigholz: Es gibt Teighölzer in unterschiedlichen Formen. Das typisch italienische Teigholz sieht z.B. anders aus als das hier in Deutschland übliche. Es ist nicht ganz einfach, den Nudelteig nur mit dem Teigholz auszurollen. Bis er die richtige Dicke und Konsistenz hat, muss er mit dem Teigholz mehrmals auf dem bemehlten Pastabrett ausgerollt werden *(stenditura).*

Mit der Handmaschine: Es gibt verschiedene italienische Handmaschinen, die für unsere Zwecke genau richtig sind. Jeder, der zuhause frische Pasta selbst herstellen möchte, sollte eine dieser Maschinen im Haus haben.

Elektromaschine: Für hochwertige Küchenmaschinen gibt es passende Pasta-Aufsätze, die sich leicht montieren lassen. Es gibt auch »Elektromotoren« für die Handmaschinen, die sich an die manuellen Maschinen anschließen lassen und dadurch die »Handarbeit« ersetzen.

Außerdem kann man auch vollelektrische Maschinen erhalten, die aber nicht günstig sind, deshalb empfehle ich den Kauf von solchen Maschinen besonders denjenigen »Köchen«, die häufiger frische Pasta zubereiten.

Jetzt geht es los:

Nach der folgenden Anleitung lassen sich alle Nudelteige weiter verarbeiten – natürlich bis auf diejenigen, die nicht ausgerollt werden, wie die kurzen *Pasta secca*.

Die Pasta gelingen perfekt, wenn die Konsistenz des Teiges stimmt, das kann ich gar nicht oft genug sagen. Der Teig sollte formstabil sein, aber nicht kleben. Wenn wir unsere erste Teigportion in 4 bis 5 Scheiben schneiden, können wir die einzelnen Stücke nacheinander in einem optimalen Zyklus weiter verarbeiten, der den einzelnen Teigplatten immer wieder genau die richtige Zeit zum Trocknen lässt. Der Teig muss in mehreren Durchgängen ausgerollt werden. Angefangen mit dem größten Abstand der Walzen, weiter zu dem geringeren Walzenabstand, bis ein ca. 1 bis 2 mm dickes, geschmeidiges, 12 cm breites und ca. 60 cm langes Pastablatt entsteht. Die Walzen der Nudelmaschine lassen sich zu diesem Zweck anhand einer Skala in unterschiedliche Abstände einrasten. Und zwischendurch müssen die Teigplatten immer wieder kurz trocknen.

Wir rollen das erste Stück mit dem Teigholz zu einer dicken Platte aus. Diese wird in der Handmaschine durch den größten Walzenabstand gelassen.

Zwischen den verschiedenen Phasen der *stenditura* hängen wir die Teigbahnen kurz zum Trocknen auf. Zu diesem Zweck legt man am besten einen Besenstiel zwischen zwei Tische und lässt der so genannten *mbragatura* genügend Zeit, um der Teigoberfläche die Feuchtigkeit zu entziehen.

Die *mbragatura* ist die neapolitanische Art die Pasta zu trocknen. Eine sehr wichtige Prozedur, denn die verschiedenen Teigblätter müssen an der Oberfläche trocken und innen noch feucht sein. So kann die Pasta dünner werden ohne zu reißen. *Mbragare* nennen die Neapolitaner den perfekten Zustand der Teigbahnen. Man kann es mit den Fingern prüfen.

Zwischen den einzelnen Durchgängen sollte man immer wieder testen, ob der Teig zu kleben beginnt. Dann muss er mit etwas Mehl bestäubt werden.

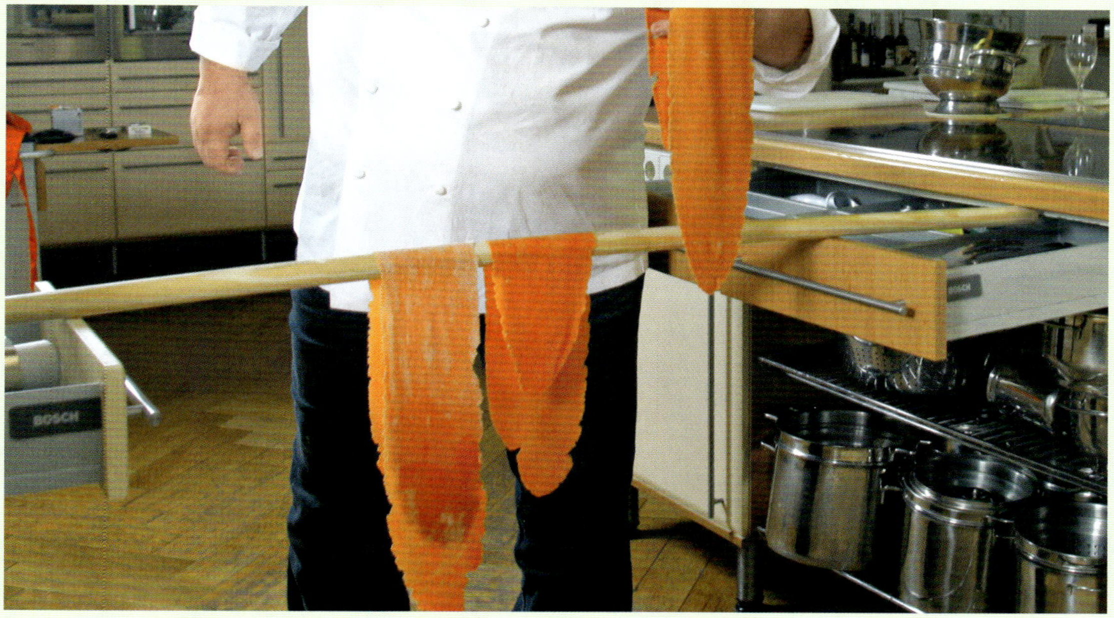

Das Kochen der frischen Pasta

Die Pasta zu kochen verlangt – wie fast alles im Leben – eine gute Technik und viel Liebe.

Der Topf

Spart nie am Topf, denn der Kauf des richtigen Topfes ist für das Endergebnis tatsächlich ausschlaggebend. Egal ob Ihr eher für vier oder für zehn Personen kocht: Ihr solltet immer einen Topf für mindestens fünf Liter im Haus haben. Es gibt heute ganz wunderbare Töpfe aus Edelstahl, die zwar etwas teurer in der Anschaffung sind, aber eine wesentlich längere Lebensdauer haben. Und wenn man sich erst einmal an den eigenen Pastatopf gewöhnt hat, möchte man doch auch lange mit ihm kochen. Wenn Ihr Euch einen neuen Pastatopf kauft, dann nehmt direkt einen mit Siebeinsatz. Andernfalls gibt es auch sehr gute Siebe zu kaufen. Das richtige Sieb ist ebenfalls sehr wichtig. Ich selbst nutze häufig meine italienischen Töpfe aus Aluminium, aber diese Art der Töpfe habe ich hier noch nicht gefunden.

Das Wasser

Zum Kochen der Pasta sollte man klares, kaltes Wasser aufsetzen, denn warmes Wasser enthält zu viel Kalk. Das Verhältnis von Pasta zu Wasser sollte 1 zu 10 betragen, d.h. 100 Gramm Pasta auf 1 Liter Wasser. (Jetzt wisst Ihr, warum wir einen großen Topf benötigen!)

Salz

Grobes Meersalz ist das optimale Salz für die Pasta. Es ist reich an Jod und hat einen charakteristischen Geschmack, der gut zu Pasta passt. Außerdem kommt alles Leben aus dem Meer, also sollte auch das Salz von dort kommen. Für 5 Liter Wasser nehmen wir eine kleine Hand voll Salz.

Öl im Wasser

Ich gebe eigentlich nie Öl ins Kochwasser, es bringt überhaupt nichts. Gutes Olivenöl ist aber sehr wichtig, wenn Ihr die gekochten Pasta später einfach nur leicht anschwenkt und mit frisch geriebenem Parmesan genießt – absolut köstlich!

Die Pasta werden erst gekocht, wenn die Sauce schon zubereitet ist. Das Wasser sollte kalt sein, wenn es aufgesetzt wird. Sobald es sprudelnd kocht, können wir das Salz dazugeben und die frischen Pasta. Im Gegensatz zu *Pasta asciutta* sind frische Pasta dann fertig, wenn sie oben schwimmen, daher kann man hierfür auch keine genaue Zeitangabe machen. Manche Sorten benötigen 2 Minuten, manche 5 Minuten. Die Pasta sollten im Wasser so wenig wie möglich gerührt werden – keine Angst, sie kleben nicht!
Die fertigen Pasta mit dem Siebeinsatz aus dem Topf nehmen oder in ein Sieb abschütten, aber niemals abschrecken! Dann werden sie sofort mit der Sauce vermengt oder eventuell nur mit geriebenem Parmesan und Olivenöl aromatisiert und sofort serviert.
Das Kochen der Pasta ist für alle Sorten der gleiche Vorgang, wenn es eine Abweichung gibt, habe ich dies in den entsprechenden Rezepten angegeben.

Tipp

Liebe Pastafreunde, ganz wichtig beim Kochen der Pasta ist der Anteil der Stärke, den die Pasta selbst enthält, daher verwendet auf jeden Fall Wasser, das richtig kocht, schreckt die Pasta nicht ab und vermengt sie sofort mit der Sauce. Es gibt nur wenige Gerichte, für die die Pasta nicht mit der Sauce vermengt wird, sondern auf die Sauce aufgelegt wird.

Der Pasta-Topf

Es gibt sehr praktische Pasta-Töpfe, die über einen Siebeinsatz verfügen. Der Einsatz lässt sich einfach herausnehmen und das Wasser kann abtropfen. In diesen Kombinationen lassen sich Pasta prima »al dente« kochen und sie sind sehr platzsparend.

Die Kochschüssel

Viele Topfsysteme sehen auch so ansprechend aus, dass man in ihnen nicht nur gerne kocht. Ihr könnt darin die Pasta auch direkt servieren.

Der Pasta-Tester

Habt Ihr auch gelegentlich Schwierigkeiten, einige Spaghetti aus dem Topf zu holen, um zu testen, ob sie gut sind? Dann nehmt doch einfach einen praktischen Pasta-Tester!

Die Pasta-Pfanne

Pfannen müssen kratz- und schneidfest sein und das Braten bei sehr hohen Temperaturen und gleichzeitig auch sanftes Braten möglich machen. Es gibt mittlerweile sehr gute Materialien, z.B. Silargan, die das möglich machen und dazu auch noch sehr schön aussehen.

Der Brattopf

Leckere Pastasaucen lassen sich sehr gut in Brattöpfen vorbereiten. Sie lassen sich zum Dünsten fest verschließen – sie sollten nur immer groß genug sein.

Differenzierung der verschiedenen Bandnudelsorten

Eine genaue Definition der verschiedenen Bandnudelsorten ist mittlerweile sehr schwierig geworden und das hat unterschiedliche Gründe:
Zum einen hat die industrielle Herstellung von Pasta dazu geführt, dass die Namensgebung für unterschiedliche Pasta nicht mehr allein dazu dient, wie nach einem »Reinheitsgebot«, die traditionellen Pastasorten zu unterscheiden, da auch die Wiedererkennung von bekannten Bezeichnungen bei den Verbrauchern eine Rolle spielt. So nennt der eine Hersteller eine Pasta *»Lasagne«*, die ein anderer noch unter der genauen Bezeichnung *»Pappardelle«* anbietet. *»Lasagne«* ist eben vielerorts bekannter. Außerdem möchte jeder Hersteller sich auch durch sein ganz eigenes Produkt von anderen unterscheiden, sodass heute die beliebte Nudelsorte *»Maccheroni«* allein in mindestens zehn verschiedenen Formen und Größen auf dem Markt ist.

Das lässt erahnen, dass viele »Nudelsorten« mittlerweile patentiert sind (namentlich registriert) und nicht ohne weiteres auf einer Pasta-Verpackung erscheinen dürfen. Das trifft natürlich auf so weltberühmte Pasta wie die mit dem Namen *»Spaghetti«* nicht zu. Dieser Name gehört keinem speziellen Hersteller und *»Spaghetti«* dürfen überall als solche verkauft werden.

Ein zweiter Grund für die Schwierigkeit einer genauen Definition ist die geradezu anarchische Art und Weise, wie die 20 italienischen Regionen die Bezeichnung der unterschiedlichen Pastasorten handhaben. Traditionsbewusstsein und regionale Identität verlangen, dass sehr beliebte Pastasorten in den einzelnen Regionen immer etwas anders benannt oder sogar ganz neu »getauft« werden. Das betrifft hauptsächlich die Bandnudeln.

Damit Ihr, liebe Leser, aber wenigstens eine grobe Orientierung habt, werde ich hier zumindest eine grundsätzliche Einteilung versuchen.
Ein grundlegendes Unterscheidungskriterium ist die Frage, ob die Nudelblätter mit der Hand, mit der Handmaschine oder industriell hergestellt und in welche Breite sie geschnitten werden.
Daher unterscheiden wir:

Mit der Hand hausgemachte Bandnudeln:

1,3 cm Pappardelle
0,7 cm Tagliatelle
0,2 cm Taglierini

Herstellung der Bandnudeln

Selbst gemachte Bandnudeln sind ein guter Einstieg in die Zubereitung frischer Pasta. Hierfür eignet sich mein Pastateig (Seite 20 und 21), weil er sich sehr gut verarbeiten lässt. Der Teig wird zubereitet, weiter verarbeitet und ausgerollt wie auf den vorgehenden Seiten beschrieben. Die einzelnen Teigbahnen werden dann locker der Länge nach zusammengeklappt, bis auf eine Länge von etwa 10 cm. Mit einem scharfen Messer kann man dann die Bandnudeln in gewünschter Breite abschneiden. Dadurch dass die Teigplatten zusammengelegt sind und der Schnitt nur 10 cm lang sein muss, erhalten die Bandnudeln einen sauberen, gleichmäßigen Schnitt.

Pappardelle

Die *Pappardelle* sind mit ihren 1,3 cm wahrscheinlich die breitesten Bandnudeln Italiens, manche Häuser definieren die Breite der Pappardelle sogar bis zu 2 cm. Sie finden ihren Ursprung in der Toscana. Das Wort *Pappardelle* soll von »pappare« kommen, was in der Toscana soviel wie »Essen mit Spaß und Lust« bedeutet und typisch für das fröhliche Benehmen der Toscaner ist. *Pappardelle* werden auch mit dem Messer geschnitten.

Kochzeit: 4 Minuten

Tagliatelle

Es gibt viele Geschichten über diesen Pastaschnitt.
Am besten gefällt mir die, dass der Schnitt an die Haarpracht von Lucrezia Borgia anlässlich ihrer Hochzeit mit Alfonso d´Este erinnern sollte.
Die *Tagliatelle* sind den *Fettuccine* sehr ähnlich, werden aber nicht mit der Hilfe einer Maschine hergestellt, sondern nur mit dem Messer geschnitten. Zudem sind sie mit 0,5 cm etwas schmaler. Der Name kommt von »tagliare« – schneiden.

Kochzeit: 3 Minuten

Taglierini

Die *Taglierini* ist eine der ältesten Pastasorten, die sich hauptsächlich in Norditalien, vor allem in der Emilia Romagna und der Lombardei entwickelt hat. Ihre größte Fangemeinde findet sich jedoch im Piemont, wo eines der typischsten Rezepte bereits im 19. Jahrhundert die so genannte »Tajerin« beschreibt, eine Nudelsorte die aus Pastaresten hergestellt wurde. Es gibt verschiedene Traditionen in der ganzen Welt zur Herstellung der *Taglierini*, eine ist z.B. chinesisch: Sie werden aus Roggenmehl hergestellt und sollten so lang wie möglich sein, zur Symbolisierung des langen Lebens der Menschen, die diese Spezialität verköstigen.

Kochzeit: 3 Minuten

Spaghetti alla chitarra:

Die *Spaghetti alla chitarra* sind wie *Tonnarelli,* nur werden sie per Hand hergestellt. Dazu benötigt man eine so genannte *»chitarra«*, die diesen Namen trägt, weil sie an das bekannte Musikinstrument erinnert. Es handelt sich um ein Holzbrett von ca. 60 cm Länge, an beiden Enden sind Holzstangen von ca. 6 cm Höhe festgeschraubt. An diesen beiden Enden werden viele feine Drähte aus Edelstahl angebracht. Die *Pasta all´uovo* wird auf 2 mm ausgerollt und auf diese Drähte gelegt. Mit einem Nudelholz wird die Pasta auf die *chitarra* gedrückt. Daraus werden viele schöne *Spaghetti* geschnitten. Dieses Instrument ist gang und gäbe in Italien. In Deutschland ist es ein wenig schwer zu bekommen.

Kochzeit: ca. 3 Minuten

Per Handmaschine hausgemachte Bandnudeln

1,3 cm Reginette oder Mafaldine
0,7 cm Fettuccine
0,2 cm Tagliolini

Reginette oder Mafaldine

Die industrielle Alternative zu *Pappardelle,* sie werden ohne Eier hergestellt, ihre Saugkraft beziehen sie aus den gewellten Rändern. Sie gehören zu meinen Lieblingspastasorten, aber Vorsicht vor »Spritzer« (beim Verzehr). Bei Festlichkeiten eine andere Pastasorte auswählen.

Kochzeit: Bis zu 12 Minuten

Fettuccine

Die *Fettuccine* sind die mit der Maschine geschnittenen Bandnudeln, über ihre Breite streitet man sich heute noch. Ich sage, sie müssen 0,7 cm breit und 0,1 cm dick sein. Fettuccine gehören zu den typischen, traditionellen Gerichten der Römer, die mittlerweile in der ganzen Nation eine große Anhängerschaft mit einer riesigen Fülle an Rezepten haben. Ich bin ein Liebhaber dieser Pastasorte, denn als Römer bin ich mit *Fettuccine* groß geworden.

Kochzeit: 3 Minuten

Normalerweise gibt es bei allen Pastamaschinen eine zusätzliche Walze, die für Fettuccine und für Tagliolini bestimmt ist. Die fertigen Blätter einfach durch die Walze laufen lassen und schon haben wir *Fettuccine*! Auf ein bemehltes Holzbrett legen. Die Pasta kann auch eingefroren werden, dafür bitte portionieren, einzeln anfrieren, in einem geschlossenen Plastikbeutel portionsweise verpackt ins TK stellen. Es hält mindestens 1 Monat.

Tagliolini

Tagliolini ist die dünne Version der *Fettuccine*, nur 0,2 cm breite, mit der Pastamaschine geschnittene Streifen. Sie eignen sich für alles, was ein wenig mehr Klasse benötigt.

Kochzeit: 3 Minuten

Tonnarelli

Tonnarelli sind die Alternative zu *Spaghetti*, sie werden allerdings aus *Pasta all´uovo* und frisch hergestellt. Allerdings sind sie nicht rund, sondern quadratisch und so ziehen sie die Sauce anders. Einer meiner Lieblinge ist die »di Moda« aus Bella Roma.
Die Pasta wird mit einer Maschine hergestellt, die *Tonnarelli* können bis zu 60 cm lang sein, die Breite entspricht fast der der *Spaghetti*, sie sind nur ein wenig dicker.

Kochzeit: ca. 5 Minuten

Wie Ihr seht, gibt es für Pasta mit der gleichen Breite zwei verschiedene Namen, was den Vorteil hat, dass Ihr auf der Speisekarte im Restaurant oder auf den Etiketten der Packungen gleich erkennen könnt, ob die Nudelsorte maschinell oder handgefertigt ist.
Ihr werdet jetzt sicher fragen, worin denn der Unterschied besteht zwischen Nudelplatten, die handgemacht sind und denjenigen, die mit der Pastamaschine gerollt und geschnitten wurden, wenn doch beide hausgemacht und frisch zubereitet wurden? Sie unterscheiden sich in der Kochzeit: Die industriell hergestellten Nudeln benötigen wesentlich mehr Kochzeit. Sie haben eine andere Saugkraft: Handgemachten Pasta saugen mehr Sauce auf.
Der Identifikationseffekt: Jeder Koch kann bei handgemachten Pasta seine eigene »Handschrift« entwickeln, an der man seine Pasta erkennen kann (so isst man bei Sante einfach die allerbesten Pappardelle, die es gibt)
Der Multiplikationseffekt: Meiner Meinung nach ist ein Koch, der traditionell hergestellte Pasta anbietet, ein hervorragender Multiplikator für diese köstlichen Teigwaren.

Pasta farcita o ripiena

Gefüllte Pasta werden mit Grundteig 2, d.h. mit Ei hergestellt. Es gibt ganz wunderbare gefüllte Pasta-Sorten. Als Purist lege ich Wert darauf, dass die *Pasta farcita* selbst den Hauptgeschmack des Gerichtes ausmacht und dessen auch würdig ist. Schließlich haben sie dafür hart gearbeitet. Deshalb sind alle Saucen, die ich zu gefüllten Pasta präsentiere, sehr einfach: Butter und Salbei, eine leichte Tomatensauce, bei Wild- oder Wintergerichten vielleicht ein wenig Sahne, geriebener Käse und das war's.

Ravioli

Wenn man 5 Köche fragt, wie ein Raviolo aussieht, wird man womöglich 5 verschiedene Antworten erhalten. Ich sage: Ein *Raviolo* hat die Form eines Halbmonds.

Er ist der Vater aller gefüllten Teigwaren. Ich kann mit Sicherheit sagen, dass es keine spezifische Region Italiens gibt, in der die *Ravioli* zuhause sind. Sie sind wie die *Spaghetti* ein Nationalgericht und es gibt sie in abertausenden Variationen.

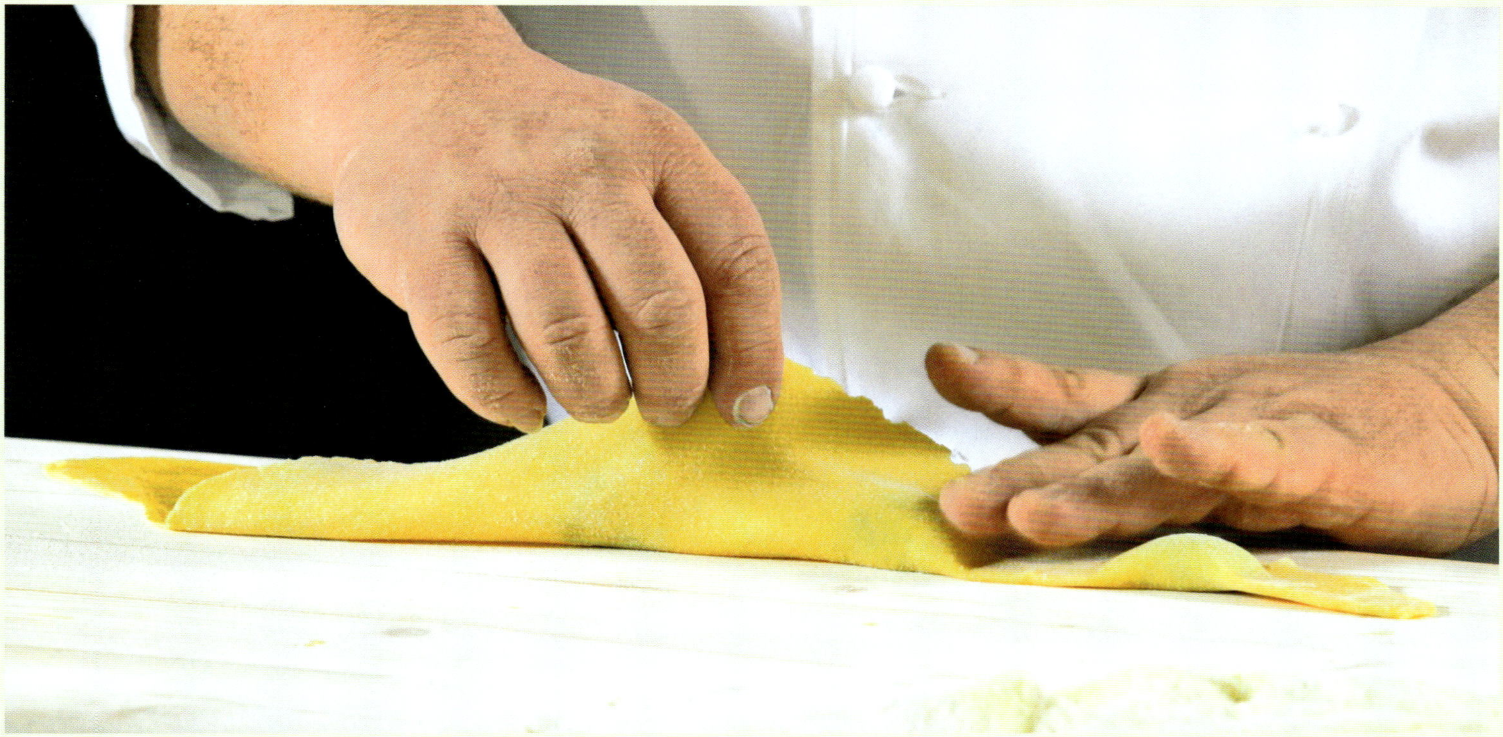

Für *Ravioli*, *Tortellini* und *Cappelletti* gilt die gleiche Regel:

Die Teigkugel vierteln und immer nur ein Viertel bearbeiten, den restlichen Teig mit Folie zugedeckt zur Seite stellen. Das Teigviertel in gut fingerbreite Stücke schneiden und mit der Maschine oder mit der Hand 1 bis 2 mm dünn, 12 bis 15 cm breit und ca. 50 cm lang ausrollen (siehe Seite 18).

Die Teigplatten jeweils auf dem Pastabrett ausbreiten. Ein Ei schön cremig aufschlagen und den Teig damit gleichmäßig bepinseln. Entlang der Mitte der Teigplatte im Abstand von etwa einer Handbreite mit einem kleinen Löffel Farce oder Füllung (je nach Rezept) aufsetzen. Schrittweise der Länge nach die eine Hälfte des Teigblattes über die andere legen und die Füllung damit einschließen. Mit der Handfläche den Teig um die Füllung herum gut andrücken, damit keine Luftblasen entstehen.

Mit einem runden Ausstecher (5 cm Durchmesser) um die Füllung herum ein halbrunden *Raviolo* ausstechen. Die *Ravioli* auf ein bemehltes Brett legen, fertig sind sie zum Kochen ... wenn sie nicht noch zu *Cappelletti* werden.

Kochzeit: 1 bis 2 Minuten

Cappelletti

Cappelletti nehmen ihren Namen aus der Bezeichnung »cappelli« (Hüte), weil sie an kleine Hütchen erinnern. Sie sind eine Abwandlung der Ravioli, es ist ein typisches Gericht aus der Romagna, das dort um 1800 entstand. Diese Teigware eignet sich für schwere Füllungen (mit Schweine- und Rindfleisch oder Geflügel), wobei sie ursprünglich als mageres Gericht geboren ist! Ein traditioneller Romagnolo würde es nie wagen, *Cappelletti* mit einer Fleischfarce zu essen, er erwartet eine »magere« Farce (z.B. mit Ricotta, Käse, Eiern und Kräutern). Mittlerweile hat sich das ein bisschen geändert. *Cappelletti* sind ein typisches Weihnachtsgericht geworden. Elegant und leicht sollte das Gericht jedoch noch immer sein – wie die Romagna eben. Und die Romagnoli bleiben eigen: Diese Pasta werden »nur« in der Brühe serviert, ohne geriebenen Parmigiano (das wäre zu mächtig). Es heißt, die *Cappelletti* liebten es »in Brühe zu sterben«, am liebsten in einer aus Kapaun, oder aus Rindfleisch. Nur als »trockene« Version ist es erlaubt, sie mit ein wenig Butter und Parmigiano zu servieren.

Für die *Cappelletti* werden *Ravioli* weiter geformt. Dazu legen wir die *Ravioli* mit der gewölbten Seite nach unten auf das Pastabrett, die gerade Kante uns zugewandt. Die runde »Zunge« wird ein bisschen zu uns hin gebogen. Jetzt nehmen wir die Pasta auf und ziehen die beiden Ecken rechts und links vorne vor der Füllung zusammen, sodass sich der *Raviolo* wie ein Blatt Spielkarten auffächert. Zur Unterstützung kann man die beiden Spitzen auch über einem Finger zusammenziehen.

Kochzeit: 2 bis 3 Minuten

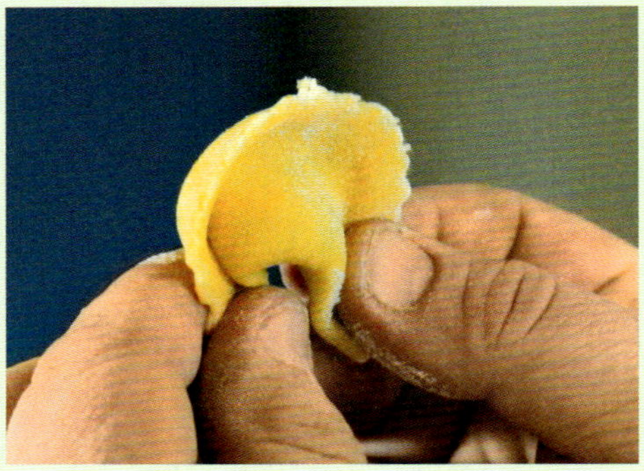

Krapfen

Raviolone (d.h. mit dem ganzen Ausstecher geschnitten, sodass die Teigware rund wird) wird nicht wie der deutsche »Krapfen« aus Mürbeteig oder anderem Teig gemacht, sondern aus Pastateig. Typisch sind der *Tirolo* oder der Lombardische *Prealpi*, eine schön ausbalancierte Mischung zweier benachbarter Kulturen: der italienischen und der deutschen.

Die Füllung ist üblicherweise reich und üppig, fett und schmackhaft, oft mit geschmolzener Butter oder gebratener Fleischsauce und Pilzen serviert – aber diese Sünde ist es wert!

So ... und nun schön aufpassen, jetzt wird´s lustig:

Für die Krapfen stellen wir auch Grundteig Nr. 2 mit Eiern her, aber wir benötigen drei verschiedene Teigfarben. Daher machen wir statt einer Mulde drei Mulden für die Teigherstellung: aus zwei Mulden jeweils unverfärbte Teige wie gewohnt (siehe Seite 12) herstellen. Das letzte Drittel teilen.

Für den grünen Teig geben wir zum Mehl ein Ei und 1 EL gekochten und pürierten Spinat. Für den roten Teig geben wir zum Mehl ein Ei und 1 EL Tomatenmark.

Die drei Teige wie in der Anleitung für den Grundteig 2 herstellen und 20 Minuten wie gehabt ruhen lassen. Den Hauptteig und die beiden farbigen Teige wie gewohnt dünn ausrollen und mit Ei bepinseln. Die beiden farbigen Teige in Fettuccine schneiden (siehe Seite 26).

Den hellen Hauptteig auf dem Pastabrett ausbreiten. Die farbigen Streifen in einem Abstand von 1 cm abwechselnd auf den Hauptteig legen, dabei leicht andrücken und mit Mehl bestreuen. Anschließend diese doppelte Lage wieder dünn ausrollen. So entstehen Teigplatten in den 3 Farben: Gelb, Rot und Grün.

Eine dieser Platten wieder auf dem Pastabrett auslegen und im Abstand von 7 cm je einen großen EL Farce aufgeben. Eine zweite Teigplatte darüber legen, vorsichtig und leicht andrücken. Mit einem großen, runden Ausstecher um die Füllungen herum die »Krapfen« ausstechen.

Kochzeit: 2 bis 3 Minuten

Tortellini e Tortelloni

Sie sind der klassische Gegner der Cappelletti, das Aushängeschild der Emilianischen Küche aus Bologna. Im Gegensatz zum *Cappelletto* ist der *Tortellino* reich und üppig, er symbolisiert den Wohlstand der fleißigen Emiliano vero. Zum ersten Mal dokumentiert wurde diese Teigware Ende des 16. Jahrhunderts. Einer Legende nach hat ein Wirt aus Bologna die *Tortellini* erfunden: Seine Form sollte an den Bauchnabel von Venus erinnern, der Göttin der Liebe. *Tortellini* werden unbedingt mit einer Fleischfarce gefüllt.

Der Teigschnitt für den *Tortellino* ist quadratisch (nicht rund wie die *Cappelletti*) und etwas breiter. *Tortellini* sind die kleineren Taschen, *Tortelloni* nennt man den großen Bruder, wo viel Füllung hineinpasst.
Die Teigkugel vierteln und immer nur ein Viertel bearbeiten, den restlichen Teig mit Folie zugedeckt zur Seite stellen. Das Teigviertel in gut fingerbreite Stücke schneiden und mit der Maschine oder mit der Hand 1 bis 2 mm dünn, etwas mehr als 5 cm breit und ca. 50 cm lang ausrollen (siehe Seite 18).

Die Teigplatten jeweils auf dem Pastabrett ausbreiten. Ein Ei schön cremig aufschlagen und den Teig damit gleichmäßig bepinseln. Entlang der Mitte der Teigplatte im Abstand von etwa einer Handbreite mit einem kleinen Löffel Farce oder Füllung (je nach Rezept) aufsetzen. Um die Füllung herum ein Quadrat von ca. 5 cm Seitenlänge ausschneiden.

Eine Ecke des Quadrates zur gegenüberliegenden Ecke über die Füllung zusammenklappen, dann die Spitze gegenüber der Faltkante etwas nach oben knicken. Den *Tortellino* auf die Faltkante stellen und die beiden unteren Ecken hinter der Füllung zusammenführen und fest aufeinander drücken. Fertig ist der *Tortellino*!

Das Wichtigste an *Tortellino* ist ihr »Herz«, die Füllung. Sie ist derart wichtig, dass sie öffentlich diskutiert und institutionell geregelt wird: Am 7. Dezember 1974 reichten die »Confraternita del tortellino« und die »Accademia italiana della cucina« bei der Industrie und Handelskammer Bozen das offizielle Rezept für die *Tortellini*-Füllung ein.

Klassisch wird die Füllung mit je 200 g rohem Schinken, Mortadella, Schweinefleisch und geriebenem Parmigiano hergestellt – die so genannten »4/4 der Tortellino«. Dazu kommen 3 Eier und Muskat. Keine Gewürze, *per piacere*. Das Schweinefleisch (aus dem Rücken) wird in Streifen geschnitten und mit Salz, Pfeffer, Rosmarin und Knoblauch ca. 1/2 Stunde mariniert, danach auf kleiner Flamme in Butter gar gekocht. Danach werden die Gewürze entfernt und das Fleisch wie auch die anderen Zutaten im Fleischwolf zerkleinert und gemischt.
Die Farce sollte mindestens 24 Stunden kühl stehen bevor sie verarbeitet wird.

Normalerweise werden die Tortellini auch in einer Brühe serviert, aber in diesem Buch machen wir eine Ausnahme, die auch in Emilia erlaubt wird: eine Tomatensauce, mild, mit viel geriebenem Parmigiano Reggiano und Mozzarella! Wenn schon, denn schon.

Kochzeit: 2 bis 3 Minuten

Agnolotti

Die *Agnolotti* sind eine der klassischsten Piemontesischen Primi Piatti. Der Name *Agnolotti* kommt angeblich von Angelot (Angelino), einem Koch aus dem Monferrato (Region um Aessandria). Er soll der Erfinder dieses Rezeptes sein. Ursprünglich wird die Füllung aus Fleischresten hergestellt. Ich finde Füllungen mit Wild wie in diesem Buch besonders köstlich.

Die Teigkugel vierteln und immer nur ein Viertel bearbeiten, den restlichen Teig mit Folie zugedeckt zur Seite stellen. Das Teigviertel in gut fingerbreite Stücke schneiden und mit der Maschine oder mit der Hand 1 bis 2 mm dünn, etwas mehr als 10 bis 15 cm breit und ca. 50 cm lang ausrollen (siehe Seite 18).

Die Teigplatten jeweils auf dem Pastabrett ausbreiten. Ein Ei schön cremig aufschlagen und den Teig damit gleichmäßig bepinseln.

In einem Abstand von 3 cm in zwei Reihen ein wenig Füllung auf die Platte geben. Eine zweite Teigplatte locker darüber legen und den Zwischenraum zwischen den Füllungen mit den Fingerspitzen schön schließen, dabei aufpassen, dass so viel Luft wie möglich herausgepresst wird. Mit einem gezackten Teigrädchen um die Füllungen quadratische Formen ausschneiden. Mit der Rückseite eines runden Ausstechers kann man um die Füllung noch einmal durch leichtes Andrücken einen sauberen Kreis nachzeichnen und damit die letzte Luft entfernen. Fertig ist der *Agnolotto piemontese*.

Auch für *Agnolotti* ist eine Sauce angebracht, Ausnahmen bestätigen hier allerdings die Regel ...

Kochzeit: 3 bis 4 Minuten

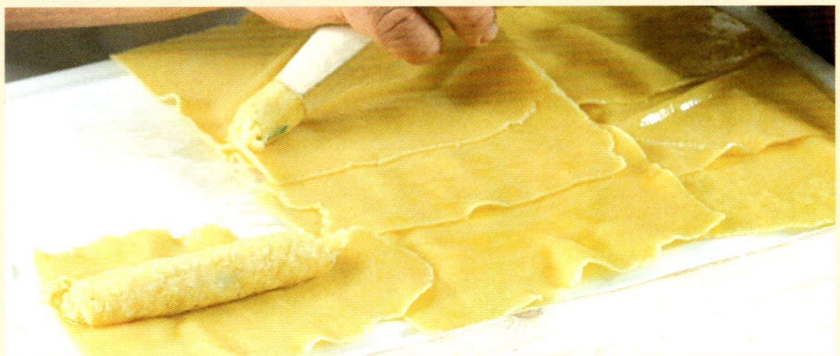

Cannelloni

Cannelloni werden ohne Zweifel in ganz Italien verzehrt. Umbrien, Sizilien, Emilia Romagna – überall sind verschiedene Versionen des bekannten Rezepts zu finden.

Leider ist dieses Gericht in Deutschland mittlerweile in der Kategorie »Schnellimbiss« gelandet. Viele Supermärkte bieten verschiedene Cannellonisorten als Fertiggerichte in ihrem Sortiment an. Das ist schade, denn für einen Italiener bedeutet *Cannelloni* Luxus pur: ein Gericht, das Mamma an Sonntagen macht, wenn sie Zeit dafür hat. Ein Gericht mit großer Würde und für alle Familienmitglieder eine wahre Freude!

Das Cannelloniblatt hat eine ähnliche Größe wie das Lasagneblatt, d.h. ca. 10 cm breit und 15 cm lang. Und man stellt es auch wie das Lasagneblatt her. Die Teigviertel werden nach und nach ausgerollt (siehe Seite 18) und auf dem Pastabrett in die richtige Größe geschnitten. Diese Teigblätter werden dann blanchiert und eingeölt. Die blanchierten Blätter quer auf einem Kunststoffbrett auslegen und die Füllung mit einem Spritzbeutel entlang der längeren Seite auf dem unteren Drittel des Blattes aufspritzen. Dann die Blätter sorgfältig zusammenrollen, fest schließen und direkt in die Form legen.

Diese Pasta ist geboren für Fleischfüllung und Tomatensauce. *Cannelloni* eignen sich aber für tausend unterschiedliche Kompositionen aus Füllungen und Saucen, z.B. Fleisch und Ragout, Fisch und Safransauce, Gemüse und Ratatouille, usw. Meistens wird das Gericht im Backofen durch Gratinieren vollendet.

Zubereitungszeit: ca. 1,5 Stunden

Backzeit: ca. 30 bis 45 Minuten

Lasagne

Last but not least, die Großmutter aller Pastasorten ist mit Sicherheit das älteste Pastarezept Italiens. Schon die Römer sprechen von diesem Gericht, die Etrusker sollen eine Art *Lasagne* aus Graskeimen hergestellt haben (eine Getreidesorte, die wesentlich frostresistenter ist als Weizen), die Römer haben solche Gerichte dann kopiert, nachgemacht und oft auch verbessert (wir Römer sind halt so ...).

Für Lasagneblätter werden die langen ausgerollten Blätter in eine Größe von 15 cm Länge und 10 cm Breite geschnitten, dann blanchiert und eingeölt.

Die klassische Variante ist auch die bekannteste: *Ragú all´emiliana* mit Bechamel, Mozzarella und Parmigiano. Unzählige Zutaten kommen noch dazu: gekochte Eier, Schinken, Fleischbällchen, Geflügelinnereien usw. Es kommt darauf an, zu welchem Anlass die *Lasagne* zubereitet wird. Genauso wie die *Cannelloni* wird dieses Gericht unterschätzt, es gibt sehr edle Varianten.

Eins noch: Beim Herstellen der *Lasagne* müssen die ersten Blätter über den Rand des Backblechs oder der Form ragen. Zum Schluss werden sie dann über die letzte Schicht wieder geklappt und schließen die *Lasagne* dadurch rundherum ab. Achtet darauf, dass die verschiedenen Schichten nicht zu üppig mit Sauce zugedeckt werden, eher mehr Schichten machen. Die Sauce, die am Ende der Zubereitung darüber kommt, sollte nicht alles komplett bedecken, da die *Lasagne* beim Gratinieren knusprig werden muss. Nicht sofort verzehren: Am besten abkühlen lassen, schneiden, erhitzen, dann bleiben die Portionen schön auf dem Teller stehen. Nehmt Euch für *Lasagne* Zeit, je mehr Zeit man ihr widmet, desto besser wird sie.

Die Erinnerung an die Tage, wo meine Mamma *Lasagne* daheim frisch hergestellt hat, ist für mich etwas, das nichts auf dieser Welt toppen kann.

Zubereitungszeit: ca. 4 Stunden

Backzeit: 45 Minuten

Pasta secca

Folgende Rezepte sind ausschließlich aus dem Grundteig Typ 1 hergestellt, d.h. aus Pastateig ohne Ei. *Pasta secca* sind wesentlich schwerer zuzubereiten als die *Pasta all´uovo*. Sie verlangen mehr Fingerspitzengefühl und Erfahrung. Also probiert sie häufig aus, damit Ihr üben könnt – es lohnt sich!

Für die Weiterverarbeitung des Teiges teilen wir die vorbereitete Teigkugel in vier Teile und nehmen nach und nach immer nur ein Viertel des Teiges, um damit weiter zu arbeiten. Der restliche Teig wird immer wieder mit Folie zugedeckt, damit er nicht austrocknet.

Trofie

Eine typische Pastasorte aus Ligurien. Sie ist Schupfnudeln sehr ähnlich, nur wesentlich kleiner und dünner. Schupfnudeln haben in der Mitte einen Durchmesser von ca. 1 cm, während die *Trofie* maximal 0,5 cm stark sind.

Von diesen Nudeln sollten nicht mehr als 90 g pro Person zubereitet werden. *Trofie* sind sehr sättigend und sehr aufwändig zuzubereiten.

Den *Pasta secca*-Teig in Stücke von 50 g schneiden. Auf dem Nudelbrett mit der flachen Hand dünne Rollen von ca. 1/2 cm Durchmesser formen. Mit einem Messer 4 cm lange Stücke schneiden.

Mit der typischen Handbewegung für die Herstellung der *Trofie* (die Handbewegung heißt »*Strufuggia*«, daher kommt das Wort *Trofie*) werden zwischen den flachen Händen dünne »Schupfnudeln« geformt. Diese werden dann einzeln auf dem Pastabrett mit den Fingern flachgedrückt und hin und her gerollt, bis sie sich etwas spiralförmig winden. Die äußersten Teile spitz enden lassen. Und so weiter ...

Kochzeit: ca. 10 Minuten, abhängig von der Grießsorte

Strozzapreti o Strangolapreti

Die Geschichte dieser *Pasta secca* ist ein bisschen widersprüchlich. Einerseits gilt sie in vielen Regionen Italiens als typisch, andererseits hat sie aber angeblich ihre Heimat in der Emilia Romagna.

Eine Legende erzählt, dass es in der Gegend um Ravenna ein Kloster gab, dessen Mönche so verrückt nach diesen kleinen Pasta waren, dass sie dafür hätten würgen können, daher der Name *Strangolapreti* oder *Strozzapreti*, buchstäblich »Mönchswürger«.

Es gibt viele Varianten dieser Pasta: In Apulien gibt man pro Kilogramm Mehl ein Ei dazu, in der Emilia Romagna hingegen zwei Eigelbe.

Meine Variante heißt: ohne Ei.

Auch die Länge dieser Pastasorte ist umstritten, die bekannteste Form hat eine Länge von 5 cm.

Den *Pasta secca*-Teig in Stücke von 50 g schneiden. Auf dem Pastabrett mit der flachen Hand dünn rollen. Mit dem Messer 5 cm lange Stücke abschneiden.

Eine dünne Metallstange längs auf die kleinen Teigrollen legen und durch leichtes Drücken den Teig um die Stange rollen. Die Pasta abnehmen und wie eine Schraube einmal um sich selbst drehen. Fertig ist der *Strozzapreti*.

Falls keine kleine Stange zur Hand ist, könnt Ihr auch den Teig in breite Scheiben schneiden und in der Nudelmaschine oder per Hand 1 bis 2 mm dünn ausrollen (siehe Seite 18). Die Teigplatten in 5 cm breite und 5 cm lange Quadrate schneiden. Mit den Händen den Teig von zwei gegenüberliegenden Seiten aus in die Mitte rollen, sodass eine schmale Pasta entsteht. Diese dann noch einmal wie eine Schraube um sich selbst drehen.
Viel Spaß!

Kochzeit: ca. 10 Minuten, abhängig von der Grießsorte

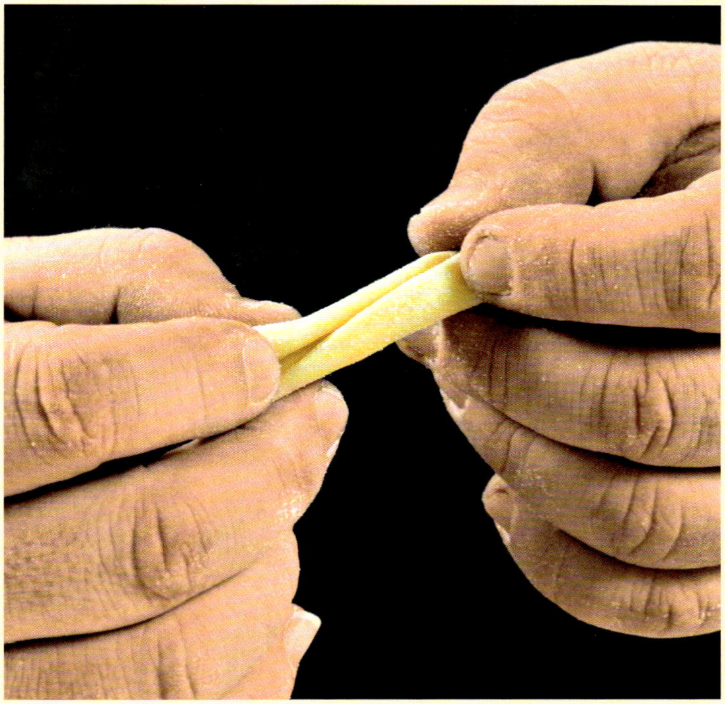

Orecchiette

Diese Sorte ist für Experten der italienischen Pastakunst. Ihren Namen hat sie wegen ihrer Form erhalten: Sie erinnert an kleine Ohren, an *Orecchiette*. Diese Pasta ist ursprünglich eine Spezialität aus Apulien, findet mittlerweile in der ganzen Nation eine große Gemeinde von Fans, die verrückt nach *Orecchiette* sind!

Den Teig in Stücke von ca. 50 g schneiden, mit den Handflächen auf dem Pastabrett mit etwas Mehl lange Würstchen ausrollen, die die Dicke eines Bleistifts haben.

Mit einem kleinen Küchenmesser (es muss eine runde Spitze haben, am besten Kinderbestecke nehmen) werden kleine *Gnocchi* von ca. 1 cm Länge geschnitten.

Die Messerspitze an einen *Gnocco* legen, den *Gnocco* gleichzeitig gegen das Brett nach unten drücken und zu sich ziehen, damit das Klümpchen sich biegen kann. Anschließend das Öhrchen auf eine Fingerkuppe ziehen und auf der Daumenspitze wenden. Dann auf ein bemehltes Brett legen. Diese Prozedur immer wiederholen. Und nicht erschrecken – es hört sich schwierig an, macht aber Spaß.

Kochzeit: ca. 10 Minuten, abhängig von der Grießsorte

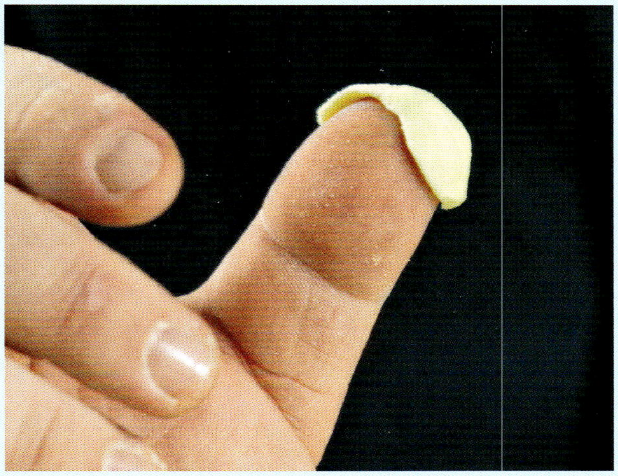

Rezepte

Das Zeichen ** bei einzelnen Zutaten verweist darauf, dass es hierzu in »Santes Schatzkiste« nähere Informationen gibt.

Wenn nicht anders angegeben, sind alle Rezepte für 4 Personen.

Le Fettuccine alla Ciociara
Salsa alla Ciociara

Zutaten

360 g frische Fettuccine

----

2 Knoblauchzehen**, in feine Scheiben geschnitten

Olivenöl**, kaltgepresst

----

40 g frisches Basilikum** Kräuter

----

2 scharfe, getrocknete Peperoni**

----

400 g frische Steinpilze**

----

400 g Hummerkrabben** der Sorte
Black Tigers der Größe 16/20

----

3 große Fleischtomaten**

----

1 Glas trockenen Weißwein**

Salz

Nota bene:

Die Ciociaria ist eine der bedeutendsten und schönsten Regionen Italiens. Sie umschließt die gesamte Provinz von Frosinone, im südlichen Teil Latiums.
Um das Gericht perfekt zu präsentieren, wird es in Ciociaria auf einer besonderen Holzschale, der so genannten *Scifa* (pr. Schifa), serviert. Es handelt sich dabei um eine längliche, flache Holzschale, mit einem nach außen gewölbten Boden. Sie besteht aus einem einzigen Stück Holz und wird heute immer noch per Hand hergestellt und geschliffen. Doch sie sind schwer zu ergattern und sind auch nicht billig.
Damit die Pasta einen besonderen Geschmack bekommt, wird die Sauce darin mit den Fettuccine vermischt.

Basilikum abbrausen, trockentupfen, in feine, längliche Streifen schneiden. Die Peperoni zwischen den Fingern zerkleinern (aufpassen, sofort danach die Hände waschen).

Hummerkrabben putzen, waschen, von der Schale und dem Kopf befreien, mit einem scharfen Messer den Rücken entlang aufschlitzen, den Darm entfernen.

Die Steinpilze mit einem Gemüsemesser vorsichtig putzen, in feine Lamellen schneiden.

Fleischtomaten waschen, den Strunk mit einem Gemüsemesser entfernen, die Haut einritzen. In heißem Wasser 15 Sekunden blanchieren, mit kaltem Wasser abschrecken, die Haut abziehen. Die Fleischtomaten vierteln, das Fruchtfleisch entfernen.

Den Boden einer Kasserole (ca. 35 cm Durchmesser) mit Olivenöl leicht bedecken. Das Basilikum, die Peperoni und den Knoblauch dazugeben.

Scharf anbraten, die abgetropften Black Tigers und die Steinpilze dazugeben, ohne zu rühren scharf braten, damit sich die Aromastoffe gut entwickeln können und die Flüssigkeit eindampfen kann. Kurz rühren, mit dem Weißwein ablöschen.

Die Tomaten dazugeben, 5 Minuten bei kleiner Hitze köcheln lassen, mit Salz abschmecken.

Die Fettuccine in heißem, gesalzenem Wasser 3 bis 4 Minuten kochen, in die *Scifa* oder in eine Keramikschüssel geben. Die Sauce darüber geben, kurz vermengen, sofort servieren.

La Salsa »Piazza Risorgimento«

Zutaten

360 g frische Fettuccine

300 g Räucherlachs

100 g entsteinte schwarze Oliven

1 Beutel Safranpulver

2 gelbe Paprika

1 rote Paprika

30 g gehackte Petersilie**

Olivenöl**

Salz und Pfeffer

Räucherlachs in feine Scheiben, danach in feine Streifen schneiden. Die Oliven halbieren, Paprika waschen, ebenfalls halbieren, die Kerne und das weiße Fruchtfleisch herausschneiden, danach eine Brunoise** herstellen.

Fettuccine in heißem, gesalzenem Wasser 3 bis 4 Minuten kochen, sofort unter kaltem Wasser kurz abbrausen. Die lauwarmen Fettuccine mit dem Safranpulver in einer Schüssel vermengen, Olivenöl dazugeben, unterrühren, mit Salz würzen und mit frisch gemahlenem schwarzem Pfeffer aromatisieren. Räucherlachs, Paprika, Petersilie und Oliven dazugeben, gut umrühren. Sofort servieren.

Le Fettuccine nere con vongole veraci

Zutaten

360 g schwarze Fettuccine

600 g frische Vongole veraci** Muscheln
(Venusmuscheln aus den italienischen Laguna)

2 Knoblauchzehen**, mit Schale

2 scharfe Peperoni**

50 g frische Petersilie, fein gehackt**

kaltgepresstes Olivenöl**

2 Gläser Weißwein**

In einem Topf einen Fond aus Knoblauchzehen in *camicia*** (siehe *Schatzkiste*), Petersilie, Peperoni und Olivenöl angehen lassen, bis der Ansatz richtig gut riecht. Die einzelnen gewaschenen Venusmuscheln dazugeben.

Kurz anrösten lassen, mit Weißwein ablöschen und gut zugedeckt ziehen lassen, bis die Muscheln sich geöffnet haben.

Fettuccine kochen, abgießen, kalt abbrausen und in den Muschelsud geben, gut verrühren. Erst jetzt den Knoblauch entfernen. Die Pasta muss schön in der Sauce ziehen, damit sie auch nach Muscheln schmeckt. Der Sud sollte schön dickflüssig sein. Mit gutem Olivenöl aromatisieren, eventuell mit Salz und Pfeffer abschmecken. Aber vorsichtig mit dem Salz umgehen, die Muscheln enthalten viel Salz. Sofort servieren.

Die Fettuccine saugen viel Sauce, deshalb genügend Muschelsud herstellen. Wenn es nicht reicht, ein wenig Kochwasser der Pasta dazugeben, aber vorsichtig, es ist Salzwasser!

Um die Fettuccine nere (schwarz) herzustellen, muss bei der Herstellung des Teiges ein Ei durch 2 Beutel Tintenfischtinte ersetzt werden. (Siehe auch Seite 31)

Le Fettuccine al forno

Zutaten

400 g frische Fettuccine

1 Dose (500 g) geschälte Tomaten

1 Zwiebel

40 g Basilikum** Kräuter

50 g Butter plus 40 g für die ofenfeste Keramikschale (Kokotte)

300 g geriebener Parmigiano Reggiano** Käse

2 Päckchen Panna da Cucina à 200 g**

Salz und Pfeffer

Das Basilikum waschen, trockentupfen. Die Zwiebel schälen und mit einem scharfen Gemüsemesser in eine feine Brunoise** schneiden.

Das Basilikum mit den Händen in einen Topf zupfen. Butter dazugeben, angehen lassen, die fein gewiegten Zwiebeln erst jetzt mit hineingeben, kurz anrösten.

Tomaten aus der Dose dazugeben. Bei kleiner Flamme 20 Minuten köcheln lassen, kurz zerstampfen, vom Herd nehmen, mit der Panna da Cucina vermengen, mit Salz und Pfeffer würzen. Fettuccine kochen, mit der Sauce vermengen. Die Hälfte des geriebenen Parmigiano Reggiano dazugeben, in eine gebutterte Kokotte füllen. Mit dem restlichen Parmigiano Reggiano bestreuen, im Backofen bei 180 °C knusprig goldgelb backen. Kurz stehen lassen, damit es richtig durchzieht (es lässt sich dann besser portionieren), servieren.

Wenn man möchte, darf man 1 kg Sauce herstellen. Beim Servieren kann man dann noch ein wenig Sauce dazugeben. Das machen wir Italiener nicht. In Italien essen wir zwar saftig, aber trotzdem »trockener« als hier in Deutschland.

Le Fettuccine alla papalina

Zutaten

400 g Fettuccine

100 g gekochter Schinken

200 g TK-Erbsen

3 Eier

100 g geriebener Grana Padano** Käse

1 Schalotte

50 g Butter

Salz und Pfeffer

Schalotte schälen, in Julienne** schneiden. Schinken in feine Streifen schneiden. Die Schalotte mit der Butter in einer Kasserole erhitzen, die Erbsen hineingeben und kurz anschwenken. Den Schinken dazugeben, bei geringer Hitze 5 Minuten köcheln lassen, mit Salz und frisch gemahlenem schwarzen Pfeffer abschmecken.

Währenddessen in einer Schüssel die Eier mit einer Prise Salz, Pfeffer und der Hälfte des geriebenen Grana schaumig aufschlagen. Fettuccine al dente kochen, abtropfen, in eine Pastaschüssel geben. In heißem Zustand mit den Eiern vermengen, die Erbsen dazugeben. Den restlichen Grana darüber streuen, mit Pfeffer abschmecken und servieren.

Le Tagliatelle al limone

Zutaten

360 g frische Tagliatelle

2 frische Zitronen, unbehandelt

*500 ml Panna da Cucina** oder Sahne*

2 Schalotten

60 g Butter

*150 g geriebener Parmigiano Reggiano** Käse*

Salz und Pfeffer

*frische Pfefferminze** Kräuter*

Die Schalotten schälen, in eine feine Brunoise** schneiden. Zitronen waschen, mit einem Schälmesser die Schale vorsichtig dünn abschälen, dabei bitte darauf achten, dass nur das Gelbe von der Schale herausgeschnitten wird, da die Schale sonst bitter wird. Eine Zitrone halbieren und den Saft auspressen. In einen Mixbecher oder einen Blender folgende Zutaten geben: die Zitronenschalen, die Sahne, wenig Salz, Pfeffer und einige Minzblätter, das Ganze fein pürieren.

In einem Topf die Schalotten mit der Butter angehen lassen, 2 EL Zitronensaft dazugeben, zur Seite stellen.

Tagliatelle al dente kochen, in den Topf mit den Schalotten geben, kurz verrühren. Mit der Zitronencreme vermengen, mit dem geriebenen Parmigiano und der Minze vollenden. Sofort servieren.

Le Tagliatelle al cacao

Zutaten

360 g Kakaotagliatelle

- - - - - - - -

100 g Butter

- - - - - - - -

1 schwarzer Trüffel, ca. 80 g

- - - - - - - -

100 g geriebener Parmigiano Reggiano** Käse

- - - - - - - -

1 Schalotte

- - - - - - - -

3 EL Olivenöl**

- - - - - - - -

1 EL Trüffelöl**

- - - - - - - -

Pfeffer

Trüffel putzen, halbieren. Eine Hälfte auf die Seite legen. Die andere Hälfte in einen Mixbecher geben. Mit 3 EL Olivenöl und 1 EL Trüffelöl fein pürieren.

Tagliatelle al dente kochen, abtropfen, in eine Pastaschüssel geben. Sofort mit Butterflocken, Pfeffer und der Trüffelpaste vermengen. Die Hälfte des Parmesans darüber geben, wieder vermengen. Evtl. ein wenig Kochwasser dazugeben. Den restlichen Trüffel mit einer Trüffelmandoline fein darüber hobeln, mit dem restlichen Parmigiano bestreuen und sofort servieren.

Für diese Tagliatelle ersetzen wir 50 g Mehl (Type 405) durch 50 g pures Kakaopulver, mind. 85 Prozent und geben zusätzlich noch 1/2 Teelöffel Zucker in den Teig.

Le Tagliatelle alla moda di Treviso

Zutaten

4 Köpfe Radicchio di Treviso**

150 g grüner Speck**

30 g Basilikum** Kräuter

30 g glatte Petersilie**

2 Knoblauchzehen**

8 EL Olivenöl**

50 g geriebener Pecorinokäse** Käse

3 EL Zitronensaft

Salz und Pfeffer

Radicchio putzen, waschen, in eine feine Chiffonade** schneiden. Knoblauch schälen und fein hacken. Grünen Speck in feine Würfel schneiden. Basilikum und Petersilie zupfen, waschen und in kleine Streifen schneiden.

In einer Kasserole 5 EL Olivenöl erhitzen, Speck, Knoblauch und Kräuter dazugeben. Alles gut aromatisieren lassen, den Zitronensaft und den Radicchio gleichzeitig dazugeben, vermengen und bei geringer Hitze 5 Minuten ziehen lassen, dabei gelegentlich mit einem Holzlöffel rühren. Mit Salz und Pfeffer würzen.

Tagliatelle al dente kochen, zu dem Radicchio geben, mit 3 EL Olivenöl abschmecken, sofort servieren.

Le Tagliatelle gialle con peperoni

Für diese Tagliatelle geben wir zu dem Pastateig noch 2 Beutel gemahlenen Safran. (Siehe Seite 31)

Zutaten

360 g gelbe Tagliatelle

2 Paprika, je eine rote und eine gelbe

200 g Crème fraîche

300 g Panna da Cucina**

Salz und Pfeffer

1 Zucchini

100 g geriebener Parmigiano Reggiano** Käse

1 Knoblauchzehe**

30 g gehackte Petersilienblätter**

5 EL kaltgepresstes Olivenöl**

100 g schwarze Oliven, entsteint

1 Glas Weißwein**, trocken

Paprika schälen**, in dünne Streifen schneiden, Zucchini waschen und in Scheiben schneiden, Knoblauch schälen und fein hacken.

Das Olivenöl in eine Pfanne geben, Petersilie und Knoblauch darin leicht bräunen. Zucchini und Paprika dazugeben, anrösten lassen. Mit einem Glas Weißwein ablöschen, 5 Minuten bei kleiner Flamme köcheln lassen. Crème fraîche und Panna da Cucina dazugießen, kurz umrühren. Die Oliven dazugeben, mit Salz und Pfeffer abschmecken. Tagliatelle al dente kochen, mit der Sauce mischen, mit dem Parmigiano bestreuen und sofort servieren.

La Minestra di tagliatelle di San Giuseppe

Zutaten

300 g Tagliatelle

200 g trockene Kichererbsen, am Vorabend in kaltem Wasser einweichen und am Tag danach in Wasser, Salz und Lorbeer weich kochen

1 Knoblauchzehe**

1 gestrichener EL Paprikapulver

1 Zweig Rosmarin** Kräuter

kaltgepresstes Olivenöl**

Salz

Knoblauch schälen, fein hacken. Die gekochten Kichererbsen abtropfen, zur Seite stellen. Rosmarin zupfen, fein hacken. In einer Pfanne Knoblauch, Rosmarin und Olivenöl angehen lassen. Paprikapulver dazugeben, kurz rühren, zur Seite stellen. Tagliatelle sehr kurz blanchieren, abgießen, Pastawasser auffangen, abtropfen, ca. 1/2 l des Pastawassers und die Tagliatelle wieder in den Topf geben. Die Kichererbsen und den Rosmarinfond dazugeben. Vom Feuer nehmen, kurz verrühren, mit ein wenig Olivenöl aromatisieren, noch eine Minute ziehen lassen, servieren.

Dieses Gericht sollte so schnell wie möglich zubereitet werden, sonst beginnt es zu kleben.

Le Pappardelle al sugo di lepre

Zutaten

300 g frische Pappardelle

1 Hase, ohne Kopf, mit Herz, Lunge und Nieren

1 Dose geschälte Tomaten

1/2 l Milch

200 g Mirepoix**

Salz und Pfeffer

1 Glas Chianti Classico

6 EL Olivenöl**

1 Knoblauchzehe**

1 Zweig Rosmarin** Kräuter

100 g geriebener Parmigiano Reggiano** Käse

Salz und Pfeffer

Den Hasen samt Knochen in grobe Stücke zerteilen, mit Salz und Pfeffer würzen. In einer breiten Kasserole 6 EL Olivenöl erhitzen. Die Hasenstücke samt Nieren, Herz und Lunge dazugeben, anbraten. Mit einer zerdrückten Knoblauchzehe »in camicia« und einem Rosmarinzweig aromatisieren. Mit dem Chianti ablöschen, bei geringer Hitze verdampfen lassen.

Geschälte Tomaten dazugeben, Milch darüber gießen. Zugedeckt auf kleiner Flamme ca. 30 Minuten garen lassen. Ausschalten, die Fleischstücke abtropfen lassen und im warmen Zustand das Fleisch von den Knochen ablösen. Das Fleisch auf einem Brett mit einem großen Messer grob hacken. Wieder in die Sauce geben, bei kleiner Flamme weitere 15 Minuten aromatisieren lassen. Knoblauch und Rosmarin herausnehmen, nachwürzen.

Die Pappardelle »al ginocchio«** kochen, kurz mit der Sauce vermengen, mit Parmigiano bestreuen und sofort servieren.

Le Pappardelle al cinghiale

Zutaten

400 g Wildschweinfleisch, möglichst aus der Keule

300 g Pappardelle

300 g Mirepoix**

1 Bouquet garni alla Sante**

1 l Sangiovese Rotwein

20 g gehackter Rosmarin** Kräuter

Pfefferkörner

Salz und Pfeffer zum Würzen

1/2 l Santes Bratensauce**

40 g gehackte Petersilie** Kräuter

5 EL kaltgepresstes Olivenöl**

Das Wildschweinfleisch in eine Kasserole geben. Mit dem Rotwein begießen und dem Mirepoix, dem Bouquet und 5 Pfefferkörnern zugedeckt über Nacht marinieren.

Am Tag danach das Fleisch und das Gemüse abtropfen lassen, durch einen Wolf drehen.

Rotwein-Sud passieren, zur Seite stellen. In einer breiten Kasserole das Fleisch mit ein wenig Olivenöl scharf anbraten, mit der Hälfte des passierten Rotweins ablöschen, 45 Minuten bei kleiner Flamme behutsam einkochen lassen. Mit Salz und Pfeffer würzen.

Pappardelle »al ginocchio«** kochen, mit der Sauce vermengen, mit gehackter Petersilie und gutem Olivenöl vollenden, sofort servieren.

Le Pappardelle alla norcina

Zutaten

400 g Pappardelle

3 italienische Bratwürste ohne Fenchel (Salsicce), im Feinkostladen erhältlich

1 Zwiebel

20 g Petersilie, fein gehackt** Kräuter

1 Glas Rotwein, trocken

2 Päckchen Panna da Cucina** Käse

Pfeffer

Olivenöl**

100 g geriebener Parmigiano Reggiano** Käse

Die Bratwürste aus dem Darm holen, in feine Teilchen zupfen. Zwiebel schälen, in eine feine Brunoise** schneiden, in einem Topf mit ein wenig Olivenöl anbraten. Das Mett dazugeben und unter ständigem Rühren scharf anbraten. Mit Rotwein ablöschen, einkochen lassen. Die Panna da Cucina dazugeben, ausschalten. Petersilie dazugeben, vermengen. Mit Pfeffer würzen.

Pappardelle al dente kochen, mit der Sauce vermengen, evtl. mit Salz würzen, Parmigiano Reggiano darauf streuen, kurz vermengen und servieren.

Le Pappardelle con carciofi e pecorino romano

Zutaten

300 g Pappardelle

- - - - - - - -

3 Artischocken

- - - - - - - -

2 Knoblauchzehen**

- - - - - - - -

30 g frische Minze** Kräuter

- - - - - - - -

100 g geriebener Pecorino romano** Käse

- - - - - - - -

Salz und Pfeffer

- - - - - - - -

1 Glas Weißwein**, trocken

- - - - - - - -

Olivenöl**

Artischocken putzen und waschen. Die äußeren Blätter entfernen, die weichen und hellen Blätter am Stiel lassen. Die Artischocken halbieren, das Stroh in der Mitte mit einem »parisienne-Ausstecher« (besonderes Kochutensil) entfernen. Die halbierten Artischocken in feine Streifen schneiden und in eine Schüssel mit Zitronenwasser legen, da sie sonst braun werden. Knoblauch schälen und in feine Lamellen schneiden, die Minze grob rupfen.

In einer Pfanne Olivenöl erhitzen. Knoblauch dazugeben, die Artischocken abtropfen, trockentupfen und vorsichtig dazugeben. Goldgelb anbraten, mit Weißwein ablöschen, die Minze dazugeben und nachwürzen.

Die Pappardelle al dente kochen, mit den Artischocken vermengen, Pecorinokäse darauf streuen und sofort servieren.

Le Pappardelle alle castagne con ricotta

Zutaten

400 g Pappardelle alle castagne

250 g frischer Ricotta** Käse

70 g Butter

20 g frischer Rosmarin** Kräuter

50 g Parmigiano Reggiano** Käse, fein gerieben

Salz und frisch gemahlener Pfeffer

4 Marron glacés** kandierte Maronen

Die Pappardelle al dente kochen. Währenddessen in einem Topf die Butter und den Rosmarin schaumig angehen lassen. Die Pappardelle in der Butter schwenken, evtl. ein wenig Kochwasser dazugeben. Mit dem geriebenen Parmigiano Reggiano, genügend Pfeffer aus der Mühle und wenig Salz würzen, auf vier Teller verteilen. Mit einer Spätzlepresse den Ricotta direkt am Tisch über den Pappardelle auspressen. Mit den Marron glacés dekorieren und sofort essen.

Für dieses Rezept ersetzen wir 500 g Mehl Type 405 durch 500 g Maronenmehl (beim Bäcker erhältlich).

Le Reginette con crema di zucca e ricotta pugliese

Zutaten

360 g Reginette

300 g Muskatkürbisfleisch, in Würfel geschnitten

10 g Rosmarin** Kräuter

100 g gereifter Ricotta aus Apulien** Käse

10 EL Olivenöl**

1/4 l Sahne

1/2 l Gemüsebrühe**

100 g Pancetta arrotolata**
(Bauchspeckroulade, in dicke Scheiben geschnitten,
in italienischen Feinkostläden erhältlich)

Salz und Pfeffer

Pancetta in Würfel schneiden. In einem Topf den Kürbis mit Olivenöl und Rosmarin angehen lassen. Gemüsebrühe dazugeben, 20 Minuten köcheln lassen. In einen Blender geben, fein pürieren. Mit Sahne vermengen, zur Seite stellen.

In einer Pfanne die Pancetta mit wenig Öl anrösten. Vom Feuer nehmen, mit der Kürbiscreme vermengen.

Reginette al dente kochen, in die Creme geben. Kurz mischen, auf 4 Teller verteilen, den Ricotta darüber reiben und sofort servieren.

Le Reginette con crema di ceci e gamberi

Zutaten

360 g Reginette

1 Dose (500 g) Kichererbsen

1 Zwiebel

20 g Rosmarin** Kräuter

Salz und Pfeffer

1 Glas Weißwein**

5 EL Olivenöl**

1/2 l Bisque alla Sante**

4 große Hummerkrabben**

1 Knoblauchzehe** in camicia

Zwiebel schälen und in eine feine Brunoise** schneiden. Die Kichererbsen abtropfen, kurz unter kaltem Wasser abspülen. In einem Topf 5 EL Olivenöl mit der Zwiebel und der Hälfte des Rosmarin anbräunen, die Kichererbsen dazugeben. Mit Weißwein ablöschen, die Bisque dazugeben. 20 Minuten langsam köcheln lassen und im Blender fein pürieren.

Die Hummerkrabben schälen, den Darm entfernen und die Karkassen für die nächste Bisque aufheben (im TK-Fach). Die Schwänze in ein wenig Olivenöl mit Knoblauch und Rosmarin anbraten, nachwürzen. Reginette al dente kochen, mit der Kichererbsencreme vermengen, in 4 Teller verteilen. Mit je 1 Hummerkrabbe vollenden und sofort servieren.

Lo Sformato di reginette con broccoli

Zutaten

300 g Reginette

----

2 Brokkoli

----

1 l Béchamelsauce**

----

200 g geriebener Grana Padano** Käse

----

1 Zwiebel

----

30 g gehackte Petersilie** Kräuter

----

50 g Butter

Brokkoli putzen, waschen. In feine Röschen schneiden. Zwiebel schälen und in Brunoise** schneiden. Den Brokkoli 4 Minuten in heißem Wasser blanchieren. Mit kaltem Wasser abschrecken und abtropfen lassen. Die Zwiebel in einem Topf mit wenig Butter andünsten, den Brokkoli dazugeben, kurz rühren. Mit der Hälfte der Béchamel begießen.

Reginette al ginocchio** kochen, kurz unter kaltem Wasser abschrecken. Mit der Brokkolisauce vermengen. Die Hälfte des Grana Padano dazugeben und vermischen, zur Seite stellen. 4 ofenfeste Keramikschalen mit der restlichen Butter einpinseln, die Reginette hineinfüllen, mit dem restlichen Grana vollenden. Im Backofen bei 180 °C 20 Minuten gratinieren lassen, aus dem Backofen nehmen, 1/2 Stunde abkühlen lassen. Aus der Form stürzen, im Backofen noch mal kurz aufwärmen. Mit der restlichen Béchamel servieren.

Le Reginette alla crema di peperoni e pomodoro fresco

Zutaten

360 g Reginette

3 rote Paprika

1 Knoblauchzehe**, fein gehackt

2 Fleischtomaten**

1 scharfe Peperoni**

30 g Basilikum** Kräuter

Salz und Pfeffer

5 EL Olivenöl**

1/4 l trockener Weißwein**

Paprika putzen, entkernen und in Streifen schneiden. Tomaten putzen und vierteln, entkernen. In einer Kasserole den Knoblauch mit 5 EL Olivenöl angehen lassen, Peperoni und den in Streifen geschnittenen Basilikum dazugeben. Die Paprika und die Tomaten dazugeben, kurz aufkochen lassen. Mit Weißwein ablöschen, bei kleiner Flamme 20 Minuten köcheln lassen. Alles im Blender pürieren, nachwürzen. Die Reginette al dente kochen, mit der Paprikacreme vermengen, mit Olivenöl und ein paar Basilikumblättern vollenden. Servieren.

Le Reginette con salsa alle noci

Zutaten

300 g Reginette

50 g Butter

20 g Salbei** Kräuter

100 g Walnusskerne, plus 4 Walnüsse zum Dekorieren

50 g französischer Walnusskäse

100 ml Schlagsahne

Salz und Pfeffer

1 Zwiebel

50 g Parmigiano Reggiano** Käse, fein gerieben

1 Schuss Brandy

Die Zwiebel schälen, in feine Brunoise** schneiden. Salbei in Streifen schneiden. In einem Topf die Zwiebel mit ein wenig Butter andünsten, die gemahlenen Nüsse und den in Würfel geschnittenen Walnusskäse dazugeben.

Langsam schmelzen lassen. Mit einem Schuss Brandy aromatisieren, flambieren. Mit Salbei bestreuen, mit der Sahne vermengen. 5 Minuten bei kleiner Flamme ziehen lassen. Ausschalten, nachwürzen und zur Seite stellen.

Die Reginette al dente kochen, mit der Sauce vermengen. Geriebenen Parmigiano dazu reichen, mit einem Walnusskern pro Person dekorieren, servieren.

I Tagliolini con cicoria lessa all' agro

Zutaten

360 g Tagliolini

2 Endivien

10 EL Olivenöl**

Salz und Pfeffer

2 Zitronen

1 Knoblauchzehe**

70 g Semmelbrösel

1 scharfe Peperoni**

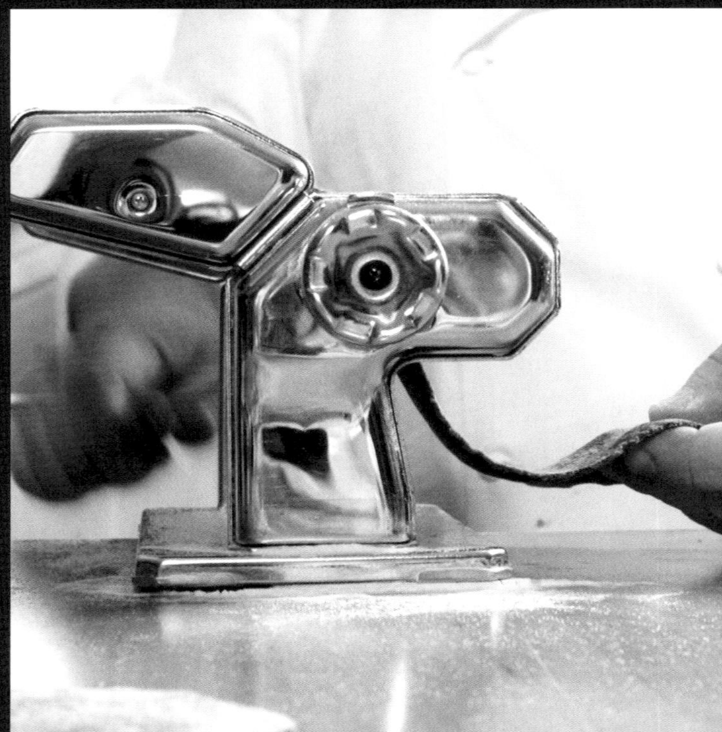

Die Endivien putzen, waschen und in feine, längliche Streifen schneiden. Zitronen auspressen, 4 Scheiben zum Dekorieren zur Seite legen. Knoblauch schälen, in feine Scheiben schneiden.

In einer großen Kasserole den Knoblauch mit 5 EL Olivenöl und der gemahlenen Peperoni andünsten. Die Endivien hineingeben und langsam dünsten, bis sie weich werden. Aus dem Topf nehmen und in eine Schüssel geben. Mit einem Teil des Zitronensaftes und den restlichen 5 EL Olivenöl vermengen, mit Salz und Pfeffer würzen, abschmecken, evtl. mit dem restlichen Zitronensaft nachwürzen. Tagliolini al dente kochen, mit den Endivien vermengen. Auf 4 Teller verteilen, mit den Semmelbröseln bestreuen und mit den Zitronenscheiben garnieren. Sofort servieren.

I Tagliolini ai fiori di zucca

Zutaten

360 g Tagliolini

10 Zucchiniblüten

1 Schalotte

100 g Butter

1 Karotte

2 EL Brandy

1/4 l Bratensauce**

1 Packung Panna da Cucina**

100 g geriebener Parmigiano Reggiano** Käse

Salz und Pfeffer

Nota bene:

Die Zucchiniblüten werden in Deutschland in zwei verschiedenen Sorten angeboten: die Zucchiniblüten mit Stiel oder mit einer kleinen Zucchini statt des Stiels.
Beide Sorten sind gut, die Stiele dürfen nicht verzehrt werden, während die Zucchini genauso wie die Blüte mit in die Pfanne gegeben werden können.

Die Zucchiniblüten öffnen, die Blütenstempel entfernen. Mit einem scharfen Messer die Blüten vorsichtig längs in feine Streifen schneiden.

Karotte schälen und in feine Streifen schneiden. Schalotte schälen und in Brunoise** schneiden. In einer großen Pfanne die Butter erwärmen und die Schalotte darin andünsten. Die Karotte dazugeben und kurz anschwenken. Mit 2 EL Brandy ablöschen und die Zucchiniblüten vorsichtig dazugeben. Kurz dämpfen, die Bratensauce und die Panna da Cucina hineingeben . Kurz aufwärmen, nachwürzen und zur Seite stellen. Tagliolini al dente kochen, in der Sauce schwenken, mit Parmigiano bestreuen und sofort servieren.

I Tagliolini al caviale e Champagne

Zutaten

300 g Tagliolini

100 g Beluga oder Sevruga Kaviar**

1 Bio-Orange

1/4 l Champagner

100 g Butter

1 Knoblauchzehe**

5 EL Olivenöl**

wenig Kerbel** Kräuter

30 g gehackte Petersilie** Kräuter

frisch gemahlener schwarzer Pfeffer

Knoblauch schälen und fein hacken. Mit der weichen Butter in einer Schüssel vermengen und mit einem Spritzbeutel auf ein Stück Frischhaltefolie wurstartige Zylinder spritzen. Mit Frischhaltefolie einschlagen und in den Kühlschrank stellen.

Orange waschen, die Schale mit einem Zestenreißer entfernen und in wenig heißem Wasser 1 Minute blanchieren, damit die Bitterstoffe entfernt werden. Die Schale sofort unter kaltem Wasser abschrecken, abtropfen und zur Seite legen. Die Orange halbieren und auspressen.

In einer Pfanne 5 EL Olivenöl leicht erhitzen, Petersilie dazugeben und mit dem Orangensaft ablöschen. Die Hälfte des Champagners dazugeben, mit Pfeffer würzen und ausschalten. 40 g Kaviar zur Seite stellen, den restlichen Kaviar in den Orangensaft geben. Kurz aromatisieren lassen, mit Pfeffer würzen.

Tagliolini »al ginocchio«** kochen, in den Kaviarsud geben, vorsichtig rühren. Auf 4 Teller verteilen, den restlichen Kaviar darüber geben, mit der in dünne Scheiben geschnittenen Knoblauchbutter und dem Kerbel garnieren und servieren.
Am Tisch den restlichen Champagner verteilen, guten Appetit!

I Tagliolini al tartufo nero di Norcia

Zutaten

300 g Tagliolini

100 g Butter

2 schwarze Trüffeln aus Norcia**

Trüffel putzen und fein hobeln. Tagliolini al dente kochen. Währenddessen Butter in einer Pfanne schaumig angehen lassen, den Trüffel hineingeben, die Tagliolini abtropfen und direkt in der Butter anschwenken. Sofort servieren.

Nota bene:

Ich habe dieses Rezept in Assisi probiert, es war unvergesslich!
Umbrien und sein Volk sind etwas Sensationelles. Der schwarze Trüffel aus Norcia ist für mich der beste Trüffel Italiens. Hier wird Trüffel anders als in Piemont serviert:

Kein Pfeffer!
Kein geriebener Parmigiano!
Keine Zwiebeln oder Schalotten!
Kein Salz, nur im Pastawasser!
Kein Trüffelöl!

Diese Trüffel sind so aromatisch und delikat, dass es sich lohnt sie »naturell« zu verzehren.
In Umbrien legt man sehr viel Wert darauf, dass kein Störfaktor das Aroma der Trüffel beeinflusst, der Trüffel hat alle Geschmackstoffe, die er braucht, um ein rundum zufriedenstellendes Endergebnis zu erzielen, auch ohne Salz und Pfeffer!
Viva la vita, dazu ein Glas kräftigen Rotwein trinken und alles wird gut!

I Tagliolini con cozze e arance

Zutaten

300 g Tagliolini

500 g Miesmuscheln** Muscheln

50 g gehackte Petersilie** Kräuter

5 EL Olivenöl**

Salz und Pfeffer

2 große Orangen

1 Glas Weißwein**

2 Knoblauchzehen**

2 scharfe Peperoni**

grobes Meersalz

Miesmuscheln waschen, putzen und mit einer großen Prise groben Meersalz in kaltes Wasser legen. Orangen waschen, mit einem Zestenreißer die Schale entfernen und in heißem Wasser 1 Minute blanchieren, damit die Bitterstoffe entfernt werden. Anschließend die Schale in kaltem Wasser abschrecken, abtropfen und zur Seite stellen.

Die Orangen halbieren und den Saft auspressen. Knoblauch in feine Scheiben schneiden. In einem Topf den Knoblauch mit 5 EL Olivenöl und den zwei Peperoni angehen lassen, die Hälfte der Petersilie dazugeben, die Miesmuscheln abtropfen und auf einen Schlag in den Topf geben. Kurz anschwenken, mit Weißwein ablöschen, die Muscheln zugedeckt öffnen lassen. Die Muscheln aus der Schale nehmen, in einer Schüssel aufbewahren. Den Sud durch ein feines Sieb lassen, und zusammen mit dem Orangensaft und den Orangenzesten in einen Topf geben. Kurz aufkochen lassen, mit Salz und Pfeffer würzen.

Die Tagliolini »al ginocchio«** kochen, in der Sauce schwenken und kurz aromatisieren lassen. Mit der anderen Hälfte der Petersilie und einem Schuss Olivenöl vollenden, die Muscheln dazugeben, servieren.

I Taglierini e fave in minestra

Zutaten

300 g Taglierini

250 g frische Saubohnen

2 Knoblauchzehen**

1 scharfe Peperoni**

Salz und Pfeffer

1/2 – 3/4 l Gemüsebrühe**

Olivenöl**

Die Saubohnen in 1/2 l heißem, gesalzenem Wasser 4 Minuten blanchieren. Abkühlen und schälen. In einem Terracottatopf ein wenig Olivenöl erwärmen. Die Saubohnen dazugeben, kurz andünsten und salzen. Mit einem 1/2 l Gemüsebrühe ablöschen. Die Taglierini dazugeben und al dente kochen. Nicht vergessen, dass die Pasta beim Kochen viel Flüssigkeit saugen wird, deshalb empfehle ich, noch ein wenig Brühe parat zu haben.

Währenddessen in einer Pfanne Knoblauch und Peperoni goldgelb färben lassen; anschließend zu der Minestra geben, kurz rühren und servieren.

I Taglierini rossi con gamberi di fiume e zucchine

für dieses Rezept ersetzen wir ein Ei durch 1 EL Tomatenmark.

Zutaten

360 g Taglierini

120 g Flusskrebsschwänze, blanchiert und geschält

1 Knoblauchzehe**

1 Zitronengrasstängel

frische Minze

1 große Zucchini

1 Glas Weißwein**

70 g jungen Grana Padano** Käse

Olivenöl**

Salz und Pfeffer

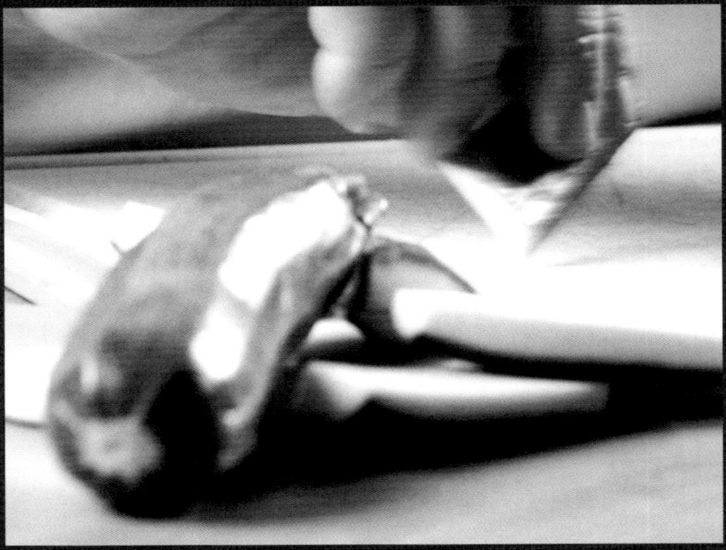

Knoblauch schälen, zerdrücken. Zitronengrasstängel halbieren, die ersten holzigen Blätter entfernen, die inneren Blätter in eine Julienne** schneiden. Zucchini waschen und mit einer Trüffelmandoline fein in Lamellen hobeln. Mit einem Käsehobel den Grana Padano in feine Scheiben schneiden.

In einer Pfanne das Olivenöl leicht erhitzen. Knoblauch und Zitronengras dazugeben, kurz aromatisieren lassen. Die Zucchini dazugeben und anrösten. Mit Weißwein ablöschen, die Flusskrebse dazugeben. Sofort aus der Hitze nehmen, kurz vermengen. Minze in feine Streifen schneiden, zu den Krebsen geben, abschmecken. Taglierini al dente kochen, in das Krebsragout geben, auf 4 Teller verteilen. Den Grana darüber streuen, servieren. Am Tisch frischen schwarzen Pfeffer aus der Mühle dazu anbieten.

I Taglierini con ragú rinforzato di Agrigento alla Nino Russo

Zutaten

300 g Taglierini

1/2 l Ragú all' emiliana**

200 g frische Erbsen, blanchiert

3 Eier, hart gekocht

70 g geriebener Parmigiano Reggiano** Käse

Nota bene:

Dieses Rezept ist ein typisches Ostermahl in Agrigento, Sizilien.
Ich kenne 3 verschiedene Varianten. In Palermo wird Tagliatelle genommen.
Dieses Rezept ist meinem Freund Nino Russo gewidmet, obwohl er aus Palermo kommt.
Für Euch, liebe Leser, die 2 Varianten, die mir am besten schmecken:

Variante 1
In einem Topf das Ragout erhitzen, die Erbsen dazugeben. Die hart gekochten Eier durch eine Kartoffelpresse geben, dazugeben, vermengen.
Taglierini al dente kochen, mit der Sauce vermengen. Mit Parmigiano vollenden und servieren.

Variante 2
Eine ofenfeste Keramikschale nehmen, mit ein wenig Olivenöl einpinseln. Das fertige Gericht (ohne Ei) mit in Scheiben geschnittenen hart gekochten Eiern belegen. Mit Sauce und Parmigiano bestreuen, im Backofen bei 200 °C goldgelb backen. Warm servieren.

I Taglierini con il pesto alla rucola

Zutaten

360 g Taglierini

50 g Pinienkerne

2 EL Zucker

200 g Rucola oder Rauke der Sorte Rughetta romana (wenn möglich, in italienischen Feinkostläden erhältlich)

10 EL Olivenöl**

Salz und Pfeffer

100 g Pecorino sardo stagionato

Pinienkerne mit Zucker in einer Pfanne anrösten (Vorsicht, sie werden sehr schnell schwarz!).

In einem Mörser die gewaschene Rughetta mit dem Olivenöl zu Pesto verarbeiten (wenn die Mühe zu groß ist, dann in einem Mixer mit einem Schluck Wasser pürieren). Pecorino fein reiben.

Taglierini al dente kochen, mit dem Pesto vermengen. Anrichten, mit Pecorino und den Pinienkernen vollenden, servieren.

I Taglierini estivi con melone e bottarga

Zutaten

360 g Taglierini

1 Honigmelone der Sorte Cantalupe (Netzmelone)

Olivenöl**

Salz und Pfeffer

1 Knoblauchzehe**

roter Pfeffer

1 EL Orangenhonig

1/2 Glas Orangensaft

frische Minze** Kräuter

100 g Bottarga**

100 g sardischer Schafskäse, mittelreif

Honigmelone halbieren, entkernen und mit einem Parisienne-Ausstecher (Kochutensil, schneidet runde Bällchen) so viele Bällchen (Perlen) wie möglich ausstechen. In eine Schüssel geben, zur Seite stellen. Den sardischen Schafskäse in Würfel schneiden. Das restliche Fruchtfleisch aus der Honigmelone ausschaben und mit dem Orangensaft pürieren.

Knoblauch fein hacken und in einem Topf mit ein wenig Olivenöl andünsten.

Taglierini al dente kochen, mit dem Melonenpüree vermischen. Mit Salz und Pfeffer würzen, mit Minzeblättern abrunden. Das Knoblauch-Olivenöl dazugeben, mit dem Schafskäse vermischen. Auf 4 Tellern anrichten, die frische Bottarga darüber hobeln, mit den Honigmelonenbällchen dekorieren und servieren.

I Tonnarelli alla sorrentina

Zutaten

360 g Tonnarelli

1/2 kg geschälte Tomaten

4 EL Olivenöl**

1 Zwiebel

100 g Fiordilatte oder Ovoline** Käse

30 g frische Basilikumblätter** Kräuter

Salz und Pfeffer

100 g Parmigiano Reggiano** Käse

50 g Butter

Geschälte Tomaten fein pürieren. Zwiebel schälen und in Brunoise** schneiden. Fiordilatte fein reiben, Basilikumblätter in feine Streifen schneiden, Parmigiano Reggiano reiben.

In einem Topf 25 g Butter mit 4 EL Olivenöl schmelzen lassen. Die Zwiebel dazugeben, glasig dünsten. Die Tomaten dazugeben, die Hälfte des Basilikums hinzufügen, 20 Minuten auf kleiner Flamme köcheln lassen.

Tonnarelli al ginocchio** kochen und mit der Sauce vermengen. Das restliche Basilikum dazugeben. Mit 3/4 des Mozzarella vermengen, auf 4 kleine ofenfeste Keramikschalen verteilen. Mit dem restlichen Mozzarella und dem Parmigiano Reggiano belegen. Ein wenig Olivenöl darüber träufeln und im vorgeheizten Backofen bei 220 °C goldgelb gratinieren. Sofort servieren.

I Tonnarelli alla moda di Vittorino da Ceccano

Zutaten

360 g Tonnarelli

3/4 l Tomatensauce, scharf**

20 g Basilikumblätter** Kräuter

100 g Pecorinokäse** Käse, fein gerieben

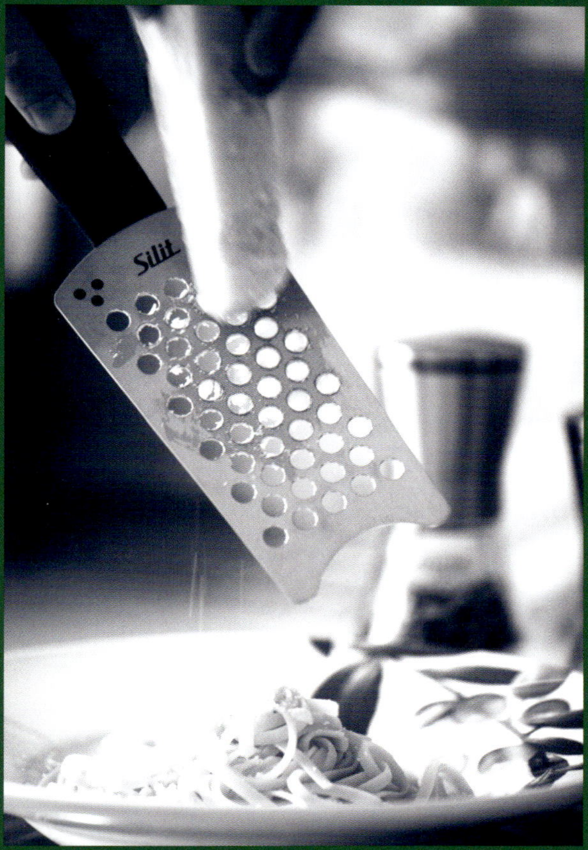

Tomatensauce mit den in Streifen geschnittenen Basilikumblättern aromatisieren. Tonnarelli sehr al dente kochen. Mit der Sauce vermengen, dem Pecorinokäse bestreuen und sofort servieren.

Nota bene:

Mit diesem Rezept bin ich groß geworden! Die wichtigste Zutat für dieses Gericht: die Famiglia und ein schönes Glas Frascati Superiore DOC. Viva la vita.

I Tonnarelli con cicoria ripassata in padella

Zutaten

300 g Tonnarelli

2 Endivienköpfe

1 Knoblauchzehe**

2 scharfe Peperoncini**

100 g Pecorinokäse** Käse

14 EL Olivenöl**

Salz

Endivien putzen und waschen. Knoblauch schälen und in dünne Scheiben schneiden. Pecorinokäse reiben.

Die Endivien in einem Topf mit 4 EL Olivenöl unter ständigem Rühren auf großer Flamme dünsten, bis sie weich sind. Anschließend aus dem Topf holen, abtropfen und auf einem Tranchierbrett kurz abkühlen lassen. Die Endivien mit einem großen Messer grob hacken. In einer Pfanne aus dem Knoblauch, den grob geschroteten scharfen Peperoni und 10 EL Olivenöl einen Ansatz herstellen. Die Endivien dazugeben und in dem Fond 3 Minuten ziehen lassen. Mit Salz würzen.

Die Tonnarelli al dente kochen und mit den Endivien vermengen. Mit Pecorinokäse bestreuen und servieren.

I Tonnarelli alla gricia

Zutaten

360 g Tonnarelli

150 g Pancetta arrotolata** am Stück

5 EL Olivenöl**

Salz und Pfeffer

1 Glas Weißwein**

je 70 g Pecorinokäse und Parmigiano Reggiano** beide: Käse

1 Zwiebel

30 g gehackte Petersilie** Kräuter

In einer Pfanne den in Würfel geschnittenen Pancetta mit 5 EL Olivenöl und der geschälten und in Brunoise** geschnittenen Zwiebel anbraten. Mit dem Weißwein ablöschen und mit schwarzem Pfeffer aus der Mühle aromatisieren.

Von großen Gemüsezwiebeln jeweils die äußerste Schicht abtrennen und kurz blanchieren. Die Tonnarelli al dente kochen und mit der Pancettasauce vermengen. Mit den zwei Käsesorten verrühren und in den Zwiebelschalen servieren.

Nota bene:

Die Gricia ist die römische Alternative zu der populären Sauce all´ Amatriciana. Gricia ist ein kleines, aber schönes Städtchen in der Provinz von Rieti, nicht weit weg von Rom.

I Tonnarelli all' astice

Zutaten

300 g Tonnarelli

2 frische Hummer

2 EL Tomatenmark

4 EL Cognac

1 Zitrone

Salz und frisch gemahlener Pfeffer aus der Mühle

1 EL grobes Meersalz

1 TL Pfefferkörner

*200 g Mirepoix***

*1 Zweig Rosmarin*** Kräuter

1 EL Mehl

1 Schalotte

50 g Butter

*1 Knoblauchzehe***

*100 g geriebener Parmigiano Reggiano*** Käse

1 EL Weißweinessig

*3 EL Olivenöl***

6 l Wasser

In einem großen Topf die Hälfte der Mirepoix, 1 EL Weißweinessig, den Saft einer halben Zitrone, grobes Meersalz und Pfefferkörner mit 5 l Wasser aufsetzen, zum Kochen bringen und die zwei Hummer hineingeben. 7 Minuten blanchieren, in kaltem Wasser abschrecken. Die Hummer halbieren, die Schwänze und die Scheren aus dem Panzer herausholen. Die Schwänze in 1/2 cm dicke Scheiben schneiden, auf ein gebuttertes Backblech geben. Mit Salz, Pfeffer, ein wenig Rosmarin und Olivenöl würzen. Mit ein wenig Zitronensaft beträufeln. Die 4 Scheren darauf verteilen.

Die übrige Karkasse und die Köpfe in einem Topf mit der restlichen Mirepoix, 3 EL Olivenöl, dem Rosmarin und der zerdrückten Knoblauchzehe anbraten, dabei mit einem Stampfer gut zusammendrücken. Mit Tomatenmark vermengen und anrösten lassen. Mehl dazugeben, mit Cognac flambieren. 1 l Wasser dazugeben und die »Bisque«** bei kleiner Flamme 20 Minuten köcheln lassen. Passieren und nachwürzen.

Parmesan reiben. Schalotte schälen und in Brunoise** schneiden, in einer Pfanne mit der Butter angehen lassen, die Bisque hineingießen, 3 Minuten köcheln lassen, abschmecken.

Hummer im Backofen bei 100 °C 4 Minuten aufwärmen, währenddessen die Tonnarelli al dente kochen, mit der Hummersauce vermengen und auf 4 Tellern anrichten. Mit dem Hummer belegen und servieren.

Gli Spaghetti alla chitarra, modo abruzzese

Zutaten

300 g Spaghetti alla chitarra

300 g Lammgulasch, klein geschnitten

3 rote Paprika

1 Zweig Thymian

2 Lorbeerblätter

Salz und Pfeffer

5 EL Olivenöl**

1 Glas Rotwein

1 Knoblauchzehe in camicia**

4 reife Fleischtomaten**

Die Fleischtomaten in Stücke schneiden, fein pürieren oder durch die »Flotte Lotte«** lassen.

Die Paprika waschen und schälen, in feine längliche Streifen schneiden. In einem Bräter Knoblauch in camicia, Lorbeer und Thymian mit 5 EL Olivenöl erhitzen. Knoblauch, Lorbeer und Thymian herausnehmen, dann das Fleisch dazugeben, scharf anbraten.

Mit Rotwein ablöschen, kurz ziehen lassen. Die pürierten Tomaten dazugeben und bei kleiner Flamme das Fleisch zart garen. Mit Salz und Pfeffer würzen.

Spaghetti alla chitarra al dente kochen, in eine Keramikschale gießen. Das Lammragout darüber geben, kurz durchmischen und so schnell wie möglich servieren.

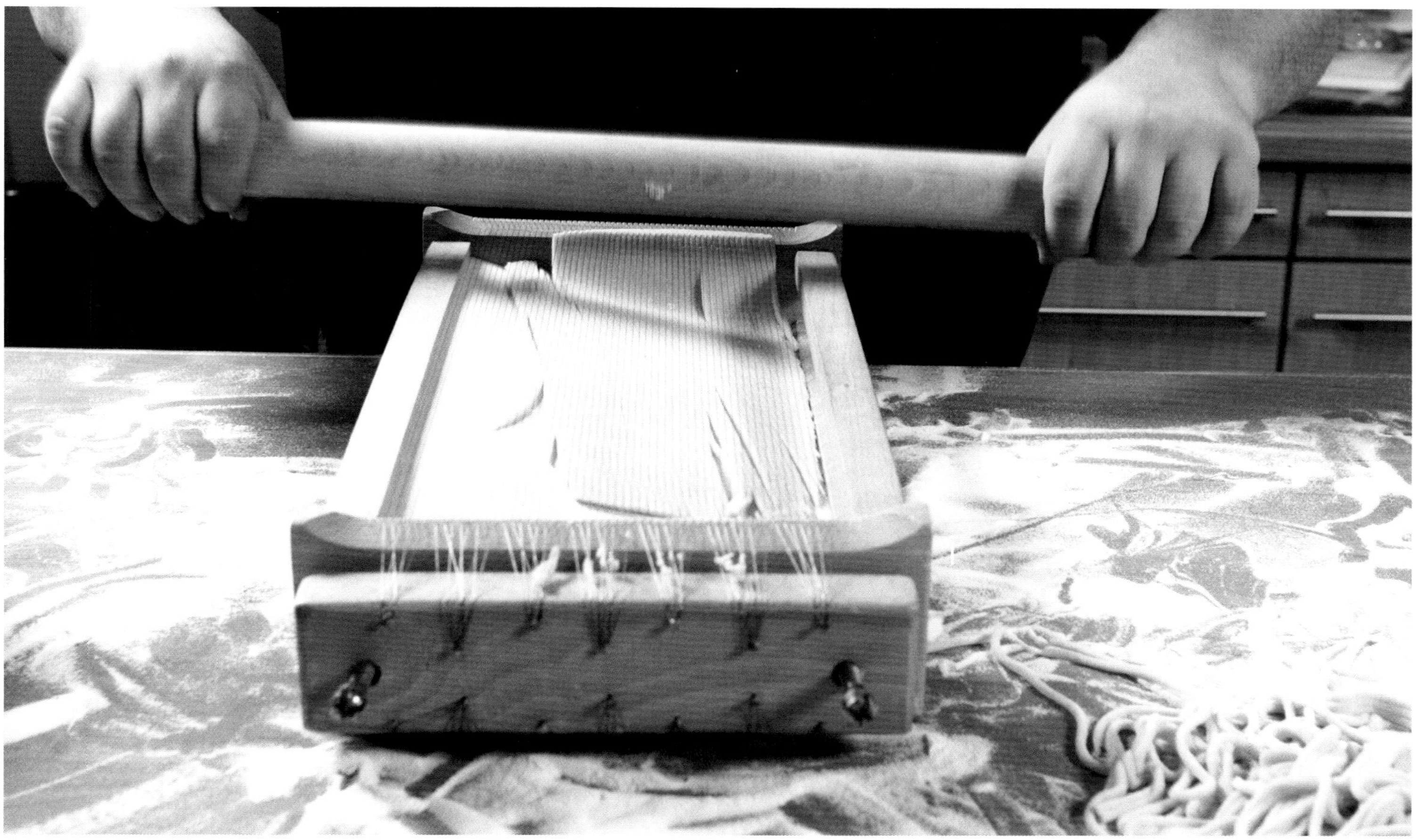

Gli Spaghetti alla chitarra alla crema di fagioli

Zutaten

300 g Spaghetti alla chitarra

1 Dose Borlotti Bohnen oder Kidney Bohnen

1 Knoblauchzehe

30 g frischer Salbei** Kräuter

1 Dose (500 g) geschälte Tomaten

1 l Rinderbrühe

5 EL Olivenöl**

Salz und Pfeffer

Schafskäse, wer mag

Knoblauch schälen und grob hacken, Salbei putzen und zupfen. In einem Topf 5 EL Olivenöl mit Knoblauch und Salbei erhitzen, die abgetropften Borlotti Bohnen hineingeben, kurz schwenken, mit der Rinderbrühe ablöschen. 10 Minuten köcheln lassen, mit einem Mixer fein pürieren, wenn man es feiner haben möchten, durch ein Spitzsieb lassen. Falls die Creme zu dick ist (sie sollte aber schon dickflüssig sein), ein wenig Wasser dazugießen. Mit Olivenöl, Salz und Pfeffer abschmecken. Kurz erhitzen und zur Seite stellen.

Die Spaghetti alla chitarra al dente kochen, währenddessen die Creme (eine Kelle voll pro Person reicht, lieber nachholen) auf 4 Teller verteilen, die Spaghetti darüber arrangieren. Mit gutem Olivenöl beträufeln, servieren.

Nota bene:

Wer mag, darf auch ein wenig geriebenen Schafskäse dazu servieren.

Gli Spaghetti alla chitarra neri al sugo di seppia

Zutaten

360 g schwarze Spaghetti alla chitarra

500 g verschiedene frische Meeresfrüchte, nicht tiefgekühlt (Tintenfischringe, kleine Oktopusse, gewaschen und gesäubert, Venusmuscheln sowie Miesmuschelfleisch) ** Muscheln

1 Knoblauchzehe**

50 g fein gehackte Petersilie**

2 Beutel Tintenfischtinte

Olivenöl**

1 Glas Weißwein, trocken

Pfeffer

1 Peperoni**

Knoblauch in feine Scheiben schneiden, in einem Topf mit Olivenöl, Peperoni und Petersilie angehen lassen. Die frischen Meeresfrüchte dazugeben und bei starker Hitze anschwenken. Mit Weißwein ablöschen, die Tinte dazugeben und gut vermengen, damit die Farbe sich entfalten kann. Nur mit Pfeffer würzen, da die Tinte sehr salzig ist.

Spaghetti alla chitarra al dente kochen und mit der Sauce vermengen, evtl. ein wenig Kochwasser dazugeben, aber vorsichtig, es ist Salzwasser!

Noch ein Tipp:
Die Meeresfrüchte tendieren dazu, zäh zu werden, deshalb nur wenige Minuten kochen lassen.

Nota bene:

Das klassischste aller Spaghettirezepte, bekannt durch viele italo-amerikanische Filme der 1930er Jahre. Es darf hier natürlich nicht fehlen …
Wir ersetzen dafür ein Ei im Grundteig durch 2 Beutel Tintenfischtinte. Sepia ist die älteste Lebensmittelfarbe der Welt. Sie färbt sehr stark und man muss vorsichtig mit ihr umgehen und die Tinte sollte nicht an die Haut gelangen. Passiert dies einmal, dann wascht die Hände nicht mit warmem, sondern unbedingt mit kaltem Wasser, sonst bleibt die Farbe lange an den Händen.

Gli Spaghetti alla chitarra con capesante e lardo di Colonnata

Zutaten

360 g Spaghetti alla chitarra

8 frische Jakobsmuscheln

2 Knoblauchzehen**

5 EL Olivenöl**

Salz und Pfeffer

3 EL Cognac

100 g Pecorinokäse, fein gerieben

8 Scheiben Lardo di Colonnata** Käse

20 g frischer Oregano

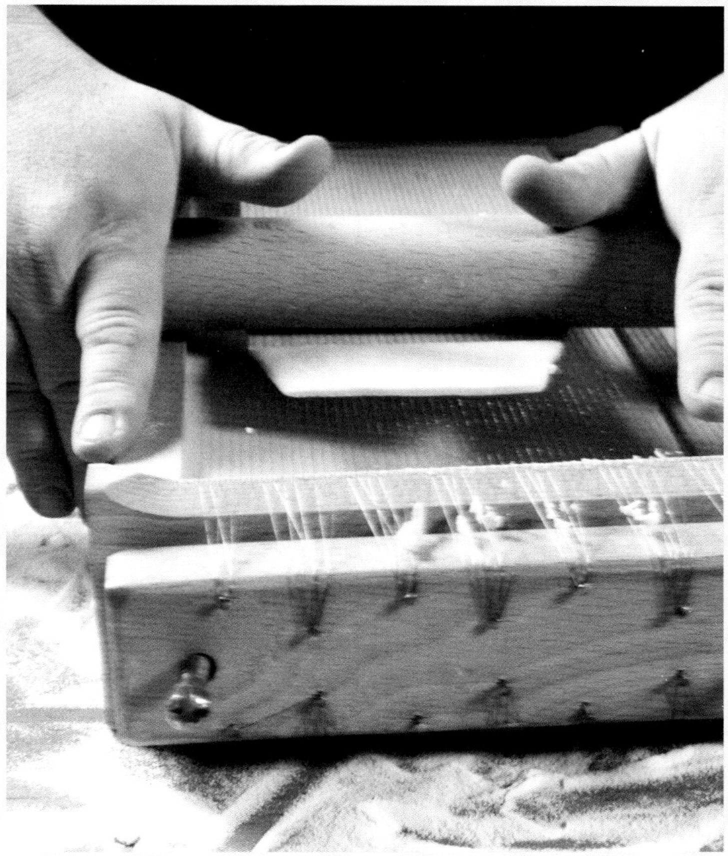

Die Scheiben des Lardo di Colonnata auf ein Backblech legen, bei 220 °C im Backofen 3 Minuten schwitzen lassen, den Backofen ausschalten, den Lardo noch nicht herausnehmen, damit er nicht hart wird.

Die Jakobsmuscheln öffnen und säubern, Muscheln in feine Scheiben schneiden und mit zur Seite stellen. Die Schale sorgfältig waschen und trocknen lassen. Knoblauch schälen und in feinste Scheiben schneiden, Oregano putzen, zupfen und grob zerkleinern.

In einer Pfanne den Knoblauch mit 5 EL Olivenöl andünsten, Oregano und die Jakobsmuscheln hineingeben, bei starker Hitze sehr kurz anbraten. Mit 3 EL Cognac ablöschen, verdampfen lassen. Mit Salz und Pfeffer würzen.

Spaghetti alla chitarra al dente kochen, in der Pfanne mit den Jakobsmuscheln anschwenken lassen. Mit Pecorinokäse bestreuen, anrichten und mit dem Lardo vollenden.

Gli Spaghetti alla chitarra cacio e pepe »Corederoma«

Zutaten

380 g Spaghetti alla chitarra

- - - - - - - -

150 g Cacio** Käse

- - - - - - - -

schwarzer Pfeffer aus der Mühle

- - - - - - - -

100 g Butter

Nota bene:

Die cacio e pepe ist in Rom wie die »Aglio, olio e peperoncino« als eines der weltberühmtesten Rezepte ein Muss in der traditionellen römischen Küche.

Ich weiß nicht aus welchem Grund die cacio e pepe in Deutschland nicht so bekannt geworden ist wie die aglio e olio, obwohl beide aus Rom kommen und viele Liebhaber haben.
Ein Grund könnte das unterschiedliche Fett sein. In der Cacio e pepe wird Butter benutzt, im Aglio e olio besser verträgliches Olivenöl. Doch wichtiger als die Grundzutaten ist die Technik der Zubereitung.

Die Butter in Stücke geschnitten in eine Keramikschüssel geben, den Pecorino Romano hineinreiben.

Spaghetti alla chitarra al dente kochen, abgießen, das Kochwasser auffangen, abtropfen und in die Schüssel geben. Sofort zum Tisch gehen und vor den Gästen kräftig vermischen, dabei nach und nach ein wenig von dem Kochwasser (falls es zu trocken wird) dazugeben, es sollte ziemlich feucht sein. Mit viel Pfeffer würzen und servieren.

Le Trofie con pesto alla genovese, patate e fagiolini dell' entroterra

Zutaten

360 g frische Trofie

200 g Pesto alla genovese**

1 kleine Kartoffel

50 g Keniabohnen**

4 EL Olivenöl**

Nota bene:

Es musste einfach sein ...

Kartoffel schälen, in kleine Würfel schneiden, in einem Topf mit heißem Wasser gar kochen. Abtropfen und zur Seite stellen. Keniabohnen putzen, in heißem, gesalzenem Wasser 7 Minuten kochen. In kaltem Wasser abschrecken und in 1,5 cm lange Stücke schneiden.

Trofie al dente kochen, in einer Schüssel mit dem Pesto vermengen. Kartoffel und Bohnen dazugeben, gut durchmischen. Falls es zu dickflüssig wird, ein wenig Kochwasser dazugeben.

Auf 4 Tellern anrichten. Mit je 1 EL Olivenöl beträufeln, servieren.

Für das Anrichten in Kartoffeln vier große Kartoffeln in einem Salzbett im Ofen ca. 1 Stunde garen. Eine Kappe abschneiden und die Kartoffeln aushöhlen. Die Trofie in die Kartoffeln füllen, mit etwas Olivenöl beträufeln und auf 4 Tellern servieren.

Le Trofie con ricci di mare e caviale di salmone keta

Zutaten

360 g Trofie

----

8 frische Seeigel

----

20 g Zitronenmelisse** Kräuter

----

10 EL Olivenöl**

----

3 Knoblauchzehen

1/2 Zitrone

----

1 Dose (100 g) Keta-Kaviar
(Keta-Lachs-Kaviar)**

Vermouth, weiß

Salz und Pfeffer

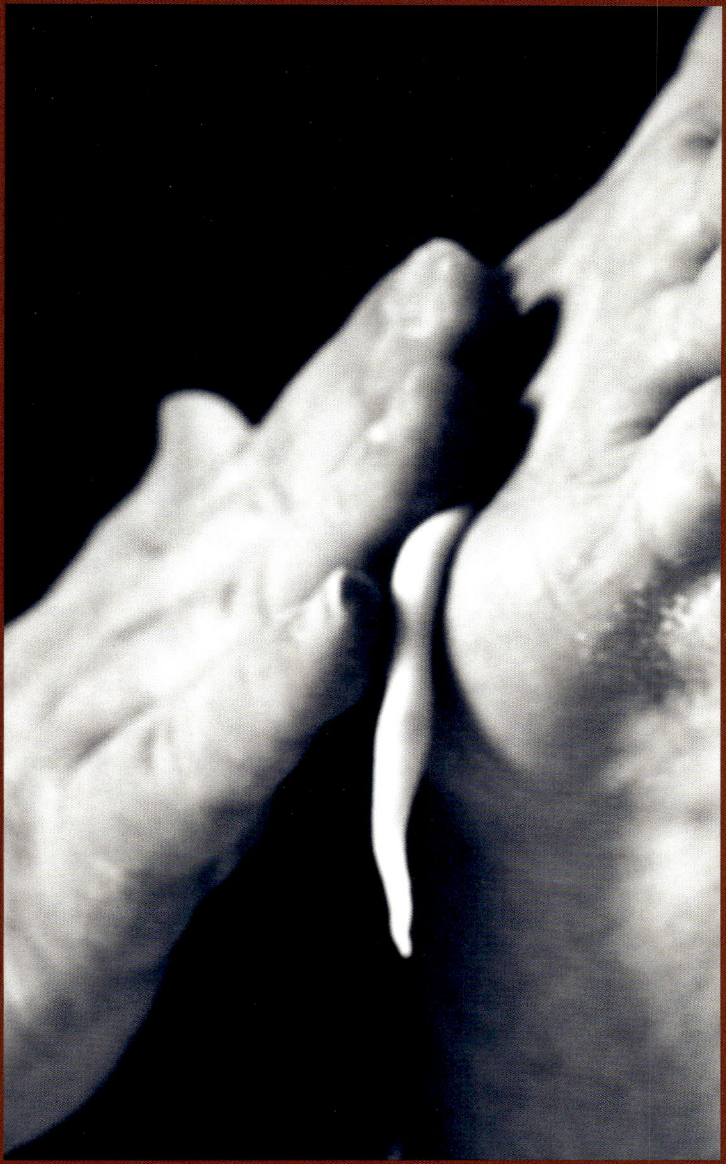

Knoblauch schälen, zerstampfen, mit dem Olivenöl in einer Pfanne erhitzen. Die frischen Seeigel mit einem scharfen Messer öffnen. Mit einem Teelöffel das rote Fruchtfleisch vorsichtig auslöffeln und direkt in die Pfanne zu dem Knoblauch geben. Das Seeigelfleisch zerfällt langsam, wie Sardellenfilets. Mit einem Schuss Vermouth aromatisieren, den Saft aus einer halben Zitrone hineinpressen, ausschalten, nachwürzen.

Trofie al dente kochen, mit der Seeigelsauce vermengen. Keta-Kaviar dazugeben und gut durchmischen, mit gehackter Zitronenmelisse bestreuen, servieren.

Le Trofie alla crudaiola

Zutaten

360 g Trofie

----

1 große, grüne Salattomate,
von der Sorte Cuore di Bue
(im italienischen Feinkostladen)

----

10 EL Olivenöl**

Salz und Pfeffer

----

20 g frischer Oregano** Kräuter

----

1 Knoblauchzehe**

----

50 g geriebener Bel Paese Käse

Salattomate waschen, in Würfel schneiden, in einer Schale mit 10 EL Olivenöl, dem gezupften Oregano und dem geschälten und in feine Würfel geschnittenen Knoblauch vermengen. Mit Salz und Pfeffer nachwürzen, damit die Tomaten ihren Saft ausscheiden. 20 Minuten ziehen lassen.

Trofie al dente kochen, mit dem Tomatensalat vermengen, den Bel Paese Käse darunter mischen, sofort servieren, eventuell mit ein wenig Olivenöl abschmecken.

Le Trofie alla Piripiri

Zutaten

360 g Trofie

200 g junge Spinatblätter

1 Schalotte

10 EL Olivenöl**

Salz und Pfeffer

100 g Semmelbrösel

50 g Sardellen in Öl

80 g Ricotta schianta

Nota bene:

Dieses Rezept ist meinem Partner Piero Cuna und seiner apulischen Familie gewidmet.

Spinat waschen, putzen und trockentupfen. Schalotte schälen und in feine Julienne** schneiden. In einer Pfanne die Schalotte mit 10 EL Olivenöl andünsten, die Sardellen dazugeben, bis sie zerfallen.

Die Spinatblätter dazugeben, langsam einkochen lassen, bis der Spinat weich ist. Trofie al dente kochen, abtropfen und zu dem Spinat geben. Mit den Semmelbröseln gut vermischen, auf 4 Teller verteilen.

Am Tisch den Ricotta schianta dazureiben, und nicht vergessen: Einige Tröpfchen Olivenöl aus Apulien darüber träufeln, Piero würde es tun!

Le Trofie al cartoccio**

Zutaten

300 g Trofie

4 Scampi (Kaisergranate oder Langustinos)

4 Hummerkrabben** der Sorte Black Tiger, 8/12

4 Austern

4 Fasulari (ähneln der großen Vongole, Venusmuscheln)

1 Zitronengrasstängel

je 40 g Rosmarin, Thymian,** beides: Kräuter
Petersilie**

4 Knoblauchzehen**

1 Zitrone

1 Glas Weißwein**, fruchtig (z.B. Chardonnay)

2 EL Olivenöl**

1/2 l Tomatensaft

Salz und Pfeffer

Kaisergranate putzen, waschen und mit der Schale über dem Rücken halbieren, bitte dabei aufpassen: nicht komplett trennen, den Darm entfernen. Hummerkrabben genauso zubereiten. Austern sorgfältig waschen, gut mit einer Bürste abreiben und öffnen. Fasulari wie die Austern öffnen und sorgfältig waschen, da sie viel Sand enthalten. Zitronengrasstängel halbieren, die holzigen äußeren Blätter entfernen, die inneren Blätter in eine Julienne** schneiden. Die Kräuter zupfen, grob hacken und zusammen in einer Schüssel vermengen. Knoblauch mit der Schale zerdrücken, Zitronensaft auspressen.

Die Trofie 5 Minuten blanchieren, mit 2 EL Olivenöl in einer Schüssel vermengen.

Die Kräuter, den Tomatensaft, Salz und Pfeffer und 3 EL Zitronensaft dazugeben, gut vermischen.

4 Stücke Alufolie mit ca. 50 cm Durchmesser ausbreiten, die Trofie darauf verteilen. Die restlichen Zutaten gleichmäßig darüber geben. Die Folie zusammenschließen, auf ein Backblech geben. Den Backofen auf 220 °C vorheizen, 12 Minuten garen, servieren.

Gli Strozzapreti dell' Arcangelo Gabriele

Zutaten

360 g Strozzapreti

200 g frische Saubohnen

Endstück von einem rohen Schinken, ca. 200 g

1 Speisezwiebel

5 EL Olivenöl**

Salz und Pfeffer

50 g Ricotta** Käse

Saubohnen aus den Schoten nehmen, schälen und in heißem, gesalzenem Wasser 5 Minuten blanchieren. In kaltem Wasser abschrecken und abtropfen lassen. Das Schinkenstück putzen, die Schwarte herausschneiden und das Fleisch in grobe Würfel schneiden.

Zwiebel schälen und in Würfel schneiden, die so groß wie die des Schinkens sein sollten. In einer Pfanne 5 EL Olivenöl erhitzen, die Zwiebel mit dem Schinken anbraten, die Saubohnen dazugeben. Kurz braten, den Ricotta dazubröckeln und durchmischen. Mit Salz und Pfeffer würzen.

Strozzapreti al dente kochen, mit den Saubohnen vermengen und servieren.

Gli Strozzapreti nella zuppa di pesce

Zutaten

200 g Strozzapreti

1 Kabeljaufilet, ca. 150 g

1 Wolfsbarschfilet, ca. 150 g

100 g Seeteufel

200 g Miesmuscheln, kochfertig

1 Knoblauchzehe**, geschält

2 scharfe Peperoni**

10 EL Olivenöl**

Salz und Pfeffer

1 Zweig frischer Rosmarin** Kräuter

1 Glas Weißwein**

1/2 l Tomatensaft

1/2 l Fischfond**

Die Fische säubern, waschen und trockentupfen. Alle in 4 Teile schneiden. In einen Bräter folgende Zutaten geben: 10 EL Olivenöl, den zerstampften Knoblauch, die geschroteten Peperoni und den Rosmarinzweig. Erhitzen, die Fische dazugeben, von beiden Seiten schnell anbraten. Alle Fische aus dem Bräter holen, die Miesmuscheln dazugeben. Fischfilet auf einem Teller zur Seite stellen. Den Bratenfond mit Weißwein ablöschen, Tomatensaft dazugeben. 10 Minuten köcheln lassen, Fischfond dazugießen, weitere 5 Minuten köcheln lassen. Die Fische wieder dazugeben und ausschalten. Rosmarin und Knoblauch entfernen, mit Salz und Pfeffer würzen.

Strozzapreti al dente kochen, die Suppe auf 4 Teller verteilen, die Strozzapreti in die Teller geben, mit Olivenöl beträufeln und servieren.

Le Orecchiette alle cime di rapa

Zutaten

300 g Orecchiette

----

1 kg! (ja, ich meine es auch!) Rübenstiele, heute in jedem italienischen Feinkostladen problemlos zu finden

----

2 Knoblauchzehen**

----

1 scharfe Peperoni**

----

50 g Sardellen in Olivenöl

----

80 g Semmelbrösel

----

5 EL Olivenöl**

Salz und Pfeffer

Die Rübenstiele putzen, nur die weichen Spitzen und die Blätter abzupfen, sorgfältig waschen und abtropfen lassen. Knoblauch schälen und zerstampfen.

In einer Pfanne den Knoblauch mit 5 EL Olivenöl (1 Glas sagt das Originalrezept, mir ist es ein bisschen zu viel des Guten ...), geschroteten Peperoni und abgetropften Sardellen andünsten, bis die Sardellen komplett zerfallen, zur Seite stellen. Orecchiette und Rübenstiele gleichzeitig in reichlich Wasser al dente kochen, ins Öl geben. Durchmischen, mit wenig Salz und Pfeffer würzen, anrichten. Semmelbrösel darüber streuen und servieren.

Nota bene:

Bekannt wie ein bunter Hund, dieses Gericht ist einfach Spitze!

Le Orecchiette del contadino

Zutaten

360 g Orecchiette

- - - - - - - -

100 g schwarze Oliven, entsteint

- - - - - - - -

5 EL Olivenöl**

- - - - - - - -

30 g gehackte Petersilie

- - - - - - - -

4 mittelgroße Tomaten

- - - - - - - -

100 g Rucola

- - - - - - - -

100 g Ricotta schianta oder
italienischen Schafskäse** Käse

- - - - - - - -

Salz und Pfeffer

Tomaten waschen, die Kappe abschneiden, das Fruchtfleisch herausholen, die Tomaten auf ein Backblech geben, mit Salz würzen und im Backofen bei 180 °C 5 Minuten schwitzen lassen. Aus dem Backofen nehmen, abkühlen lassen. Das Fruchtfleisch pürieren und passieren. In einer Pfanne die Oliven mit 5 EL Olivenöl und der Petersilie erhitzen, Rucola dazugeben und kurz ziehen lassen. Tomatenpüree dazugießen, 5 Minuten köcheln lassen, nachwürzen. Ricotta schianta reiben.

Orecchiette al dente kochen, abtropfen und in die Olivensauce geben, gut vermischen. In die Tomaten verteilen, mit dem geriebenen Käsen bestreuen und servieren. Dieses Gericht empfehle ich für den Sommer mit einem Glas Rosé aus Apulien.

I Ravioli alla romana

Zutaten

Für die Sauce:

Butter und Salbei

Für die Füllung:

200 g Spinatblätter

80 g geriebener Parmigiano Reggiano** Käse

100 g Ricotta

Muskat

30 g Zwiebel-Brunoise**

2 EL Olivenöl**

Salz und Pfeffer

1 Eigelb

evtl. Semmelbrösel

Spinatblätter in einem Topf mit 2 EL Olivenöl und der Zwiebel zugedeckt andünsten. Abtropfen und in einem Passiertuch die Flüssigkeit herauspressen (Kräuter zerkleinern**). Fein hacken. Ricotta auch in ein Passiertuch geben, damit die Flüssigkeit abtropfen kann, durch ein Mehlsieb lassen, in einer Schüssel mit dem Spinat vermengen.

Die Hälfte des Parmigiano und das Eigelb dazugeben, mit Salz, Pfeffer und Muskat würzen. Mit einem Holzlöffel mischen. Falls die Füllung zu weich ist (sie sollte schön fest sein), einen Esslöffel Semmelbrösel hinzufügen (Löffeltest**).

Ravioli herstellen (siehe Seite 28).

Die Ravioli al dente kochen, in schaumiger Butter und Salbeiblättern schwenken, mit geriebenem Parmigiano Reggiano bestreuen und sofort servieren.

Nota bene:

Die bekanntesten Ravioli in Italien!

I Ravioli al formaggio

6 Ravioli pro Person

Für die Sauce:

Tomatensauce, mild**

Für die Füllung:

50 g Gruyère

50 g Emmentaler

50 g Fontina

20 g gehackte Petersilienblätter**

1 Eigelb

Pfeffer

50 g Parmigiano Reggiano** Käse zum Bestreuen

Die 3 Käsesorten (Parmigiano wird zum Schluss gebraucht) durch einen Wolf drehen oder fein reiben. Die Masse mit Pfeffer, Petersilie und dem Eigelb vermischen. Fertig.

Ravioli herstellen (siehe Seite 28).

Die Ravioli al dente kochen, in einer leichten Tomatensauce kurz anschwenken, mit geriebenem Parmigiano bestreuen, servieren.

I Ravioli rossi alla marmellata di radicchio

6 Ravioli pro Person

Für die Sauce:

leichte Béchamel **
(Verhältnis 60/60,
das heißt je 60 g Mehl und
Butter auf 1 Liter Milch)

frisch gehackter Rosmarin** Kräuter

Für die Füllung:

400 g Radicchio

200 g Gelierzucker

1 Glas Rotwein, trocken

Salz

100 g geriebener Parmigiano Reggiano** Käse

Radicchio putzen, waschen, fein in Chiffonade** schneiden. In einem Topf mit dem Rotwein und dem Gelierzucker einkochen. Eine Prise Salz dazugeben. Es kann bis zu einer Stunde köcheln. Die Marmelade kühlen lassen. Fertig.

Ravioli herstellen (siehe Seite 28).

Die Ravioli al dente kochen, in der Béchamel mit Rosmarin kurz anschwenken, mit Parmigiano Reggiano bestreuen, servieren.

Wir ersetzen im Grundteig
ein Ei durch 1 EL Tomatenmark.

I Cappelletti alla zucca

6 Cappelletti pro Person

Für die Sauce:

Butter und Salbei ** Kräuter

Für die Füllung:

400 g Muskatkürbisfleisch, in Würfel geschnitten

120 g geriebener Parmigiano Reggiano ** Käse

80 g gemahlenes Toastbrot

wenige Rosmarinblätter ** Kräuter

1/2 Zwiebel

Salz und Pfeffer

5 EL Olivenöl**

Zwiebel schälen und in Würfel schneiden. In einer Kasserole 5 EL Olivenöl erhitzen. Das Kürbisfleisch und die Zwiebel dazugeben. Bei kleiner Flamme zugedeckt garen lassen (es dauert ca. 10 Minuten), dabei gelegentlich rühren.

Den Kürbis aus dem Topf nehmen, in eine Schüssel geben. Pürieren, mit dem gemahlenen Toastbrot, 50 g Parmigiano, fein gehacktem Rosmarin, Salz und Pfeffer vermengen. Die Masse sollte fest, aber feucht sein.

Cappelletti herstellen (siehe Seite 30).

Die Cappelletti al dente kochen, in schaumiger Butter und Salbei schwenken, mit dem restlichen Parmigiano bestreuen und servieren.

I Cappelletti di magro in brodo

6 Cappelletti pro Person

*in einer Kapaunbrühe***
(wenn nicht vorhanden reicht eine Hühnerbrühe) serviert.

Für die Füllung:

300 g Ricotta

----

*200 g Parmigiano Reggiano** Käse*

----

2 Eigelb

----

*30 g aromatische Kräuter (Basilikum, Oregano, Salbei)** Kräuter*

----

1 l Kapaunbrühe (das Fleisch des Kapaun wird zu den Cappelletti gereicht)

Ricotta in einem Passiertuch abtropfen, durch ein Mehlsieb lassen. Mit dem geriebenen Parmigiano, den Eigelben und den fein gehackten Kräutern zu einer Masse vermischen, eventuell mit Salz und Pfeffer würzen.

Cappelletti herstellen (siehe Seite 30).

Kapaunbrühe bis kurz unter den Siedepunkt erhitzen, das Kapaunfleisch hineinzupfen, die Cappeletti hineingeben (vorher kurz abklopfen, damit das Mehl die Brühe nicht trübt), bis zu 4 Minuten köcheln lassen. Sie sind fertig, wenn sie an der Oberfläche schwimmen.

Sofort servieren und frohe Weihnachten!

I Krapfen Tirolesi

So, schön aufpassen, jetzt wird's lustig:

3 Krapfen pro Person.

Für die Sauce:
Butter und Salbei oder
gebratene Steinpilze, Zwiebel und Petersilie

Für die Füllung:
Fleischfarce** aus Wildfleisch
(Reh, Hirsch oder sogar Ziegenfleisch)

3 Mulden machen: Aus 2 Mulden jeweils unverfärbte Teige wie gewohnt herstellen, das letzte Drittel teilen. Die weitere Zubereitung der Krapfen ist auch Seite 31 ausführlich beschrieben. Viel Vergnügen!

Der Tirolo ist ein typischer Krapfen, eine schön ausbalancierte Mischung zweier benachbarter Kulturen: der italienischen und der deutschen.

Krapfen al dente kochen, mit Butter und Salbei servieren. Oder Steinpilzscheiben mit gehackten Zwiebeln und Petersilie in Olivenöl kurz anbraten. Mit Salz und Pfeffer würzen und die Krapfen damit servieren.

Jodelhoo, lasst es Euch schmecken und Prost!

I Tortellini al pomodoro

10 Tortellini pro Person

Für die Sauce:
Tomatensauce, mild**

Für die Füllung:
siehe Dizionario, Tortellini oder Tortelloni

400 g Tomatensauce, mild**

100 g geriebener Parmigiano Reggiano** Käse

100 g Fiordilatte**

frisches Basilikum** Kräuter

Tortellini herstellen (siehe Seite 32).

Tortellini al dente kochen, mit der Tomatensauce vermengen. Die restlichen Zutaten dazugeben, durchmischen und servieren.

Gli Agnolotti ai funghi con ragú di cinghiale

6 Agnolotti pro Person

Für die Sauce:

300 g Ragú vom Wildschwein
(Schwein- und Rindfleisch durch
Wildschweinfleisch ersetzen) **Ragù all'emiliana

aromatisiert mit frischem
Rosmarin und Wacholderbeeren** beide: Kräuter

Für die Füllung:

400 g Pilze** (Pfifferlinge und Steinpilze)

1 schwarzer Trüffel **

50 g Castelmagno-Käse, gerieben

1 Schalotte

1 Eigelb

5 EL Olivenöl**

Salz und Pfeffer

100 g französisches Brioche

Schalotte schälen und in Brunoise** schneiden. Die Pilze putzen, in Lamellen schneiden. Brioche mit einer Küchenmaschine fein reiben. In einem Topf die Schalotte mit 5 EL Olivenöl glasig andünsten, die Pilze dazugeben. Scharf anbraten, das geriebene Brioche dazugeben. Ausschalten, nachwürzen, in eine Schüssel geben. Trüffel putzen, in Lamellen schneiden, zu der Farce geben. Alles durch einen Wolf drehen. Mit dem Eigelb vermengen und mit dem Caselmagno-Käse nachwürzen. Alles gut vermischen.

Agnolotti herstellen (siehe Seite 34).

Die Agnolotti al dente kochen, das Wildschwein-Ragú auf 4 Teller verteilen. Die Agnolotti darüber geben, mit ein wenig Trüffelöl** beträufeln und servieren.

I Cannelloni di patate al ragú di melanzane

Zutaten

3 Lasagneplatten pro Person

600 g gekochte Kartoffeln

30 g Thymian

200 g Fiordilatte für Pizza

1 l Tomatensauce, mild**

1 l Béchamelsauce**

2 Auberginen

Olivenöl**

30 g frisches Basilikum** Kräuter

Salz und Pfeffer

200 g geriebener Parmigiano Reggiano** Käse

Nota bene:

Ich koche Kartoffeln für Gnocchi sowie für die verschiedenen Füllungen immer mit der Schale, lasse sie kurz abkühlen und schäle sie dann in noch warmem Zustand, so bleiben sie trocken und fest.

Thymian putzen, zupfen und fein hacken. Fiordilatte abtropfen und reiben. Die Kartoffeln durch eine Kartoffelpresse oder eine Flotte Lotte** direkt in eine Schüssel geben. Mit Thymian, Salz, Pfeffer und dem Fiordilatte vermengen. Die Masse in einen Spritzbeutel ohne Tülle geben, beiseitelegen.

Auberginen waschen, trockentupfen und in Würfel schneiden. Die Würfel mit viel Olivenöl goldgelb frittieren. Auf Küchenpapier entfetten.

Einen Topf mit Eiswasser bereithalten.

Die Lasagneplatten in viel kochendem, gesalzenem Wasser blanchieren, im Topf mit Eiswasser abschrecken.

Die Blätter auf einem geölten Brett nebeneinander legen, die Füllung auf das obere Drittel der Blätter spritzen, zusammenrollen und in einer geölten Auflaufform nebeneinander legen.

Die Auberginen darüber verteilen, mit der Tomatensauce und der Béchamelsauce begießen. Geriebenen Parmigiano Reggiano und Basilikum dazugeben, mit ein wenig Olivenöl beträufeln. Im Backofen bei 180 °C 30 Minuten gratinieren lassen, sofort servieren.

Achtung heiß!

La Sagna alla Paradisi Anna

Zutaten für 8 Personen

1 kg Lasagneplatten

2 l Ragú all' emiliana, nur aus Schweinefleisch **Ragú all' emiliana

2 l Béchamelsauce**

400 g geriebener Grana Padano** Käse

400 g Mozzarella

300 g gekochter Schinken in Scheiben

300 g Champignonscheiben** Pilze

Olivenöl**

frisches Basilikum** Kräuter

Einen Topf mit Eiswasser bereithalten.

Lasagneplatten in viel heißem Wasser blanchieren, bis sie an der Oberfläche des Wassers schwimmen (es kann bis zu 3 Minuten dauern).

Aus dem Topf holen, in eiskaltem Wasser abschrecken, auf einem geölten Backblech auslegen. Man kann die Lasagneplatten auch überlappen lassen, aber immer mit genügend Olivenöl bepinseln, sonst kleben sie aneinander.

Bitte beachten, dass alle restlichen Zutaten fertig sein müssen, bevor die Blätter blanchiert werden.

Eine Auflaufform für die Lasagne nehmen, den Boden mit Öl bepinseln, dann ein wenig Sauce darüber geben. Eine Schicht Lasagneplatten darüber legen, sie sollten den Rand der Auflaufform überlappen. Mit allen Zutaten gleichmäßig belegen. Mit Lasagneplatten belegen. Das Gleiche mindestens 4 Mal wiederholen, die ersten Blätter darüber klappen.

Mit den 2 Saucen und dem Grana vollenden. Den Rand nicht mit Sauce bedecken, er sollte schön knusprig werden. Mit Olivenöl den Rand bepinseln, im Backofen bei 180 °C 45 Minuten backen. Backofen ausmachen, die Lasagne darin 1 Stunde abkühlen lassen. Aus dem Backofen nehmen, die Portionen mit einem langen Messer einritzen. Wieder im Backofen erhitzen und erst dann servieren.

La Lagana scomposta con capesante e porcini

Zutaten

8 große Lasagneplatten

8 Jakobsmuscheln

400 g Steinpilze**

1/2 l Béchamel **

100 g Gemüsejulienne** Julienne
(Karotten, Staudensellerie und Lauch)

100 g Scamorza-Käse

5 EL Olivenöl**

100 g geriebener Grana Padano** Käse

1 Schalotte

1 Zweig Rosmarin** Kräuter

2 Knoblauchzehen**

Jakobsmuscheln putzen und waschen. Steinpilze putzen und in dünne, längliche Scheiben schneiden. Scamorza in 1/2 cm dicke Scheiben schneiden, in einer Grillpfanne kurz anschmelzen, zur Seite legen.

In einer Pfanne mit 5 EL Olivenöl den Rosmarinzweig und den zerdrückten Knoblauch mit den Steinpilzen anbraten. Steinpilze aus der Pfanne nehmen und zur Seite stellen. In der gleichen Pfanne die Jakobsmuscheln genauso wie die Steinpilze glasig anbraten.

Dann erst Rosmarin und Knoblauch entfernen, alles zur Seite stellen. Lasagneplatten in heißem Wasser blanchieren, alle restlichen Zutaten warm halten. 4 Teller nehmen, je eine Lasagneplatte auf jeden Teller verteilen, alle Zutaten schichtweise darüber geben. Mit Béchamel und geriebenem Grana vollenden, einige Tropfen Olivenöl darüber träufeln und servieren.

Santes Schatzkiste

Al ginocchio:

römischer Slang, meint eine Stufe vor »al dente«

Béchamelsauce:

Zutaten:

1 l Milch
1 Prise Salz
Pfeffer aus der Mühle
geriebene Muskatnuss
80 g Mehl mit
80 g Butter

Milch zusammen mit den Gewürzen in einem Topf erhitzen. Butter in einem weiteren Topf schmelzen lassen und das Mehl nach und nach unter ständigem Rühren dazugeben, sodass keine Klümpchen entstehen. Die Milch behutsam in die Mehlschwitze fließen lassen und dabei mit einem Schneebesen zur Creme rühren. Die Creme in einen weiteren Topf passieren (am besten gelingt dies mit einem feinen Edelstahlsieb) und weitere 5 Minuten bei kleiner Flamme unterhalb des Siedepunkts köcheln lassen, bis der Mehlgeschmack verschwunden ist. Noch einmal nachwürzen.
Etwas Olivenöl verhindert die Bildung einer Haut auf der Milch.

Die Béchamel ist eine wichtige Grundsauce, die sich als Basis für andere Saucen und zum Binden eignet. Man erzählt sich, dass sie von einem der Hofköche Ludwigs XIV erfunden wurde. Ihr Ursprung ist jedoch älter: Bereits im Mittelalter war diese Sauce in Italien (natürlich!) unter dem Namen *Balsamella* bekannt.

Bisque 1:

Die Bisque ist eigentlich eine französische Suppe aus Krustentieren. Meine Varianten sind wunderbare Grundlagen für leckere Pastasaucen. 500 g Karkassen von Riesengarnelen in einem Topf mit 200 g Mirepoix und 3 EL Olivenöl anbraten lassen. Mit 1 EL Tomatenmark und 2 EL Mehl vermengen, mit Brandy flambieren. Mit 1 Liter Wasser auffüllen, 30 Minuten bei kleiner Flamme ziehen lassen. Passieren.

Bisque 2:

Der Krustentierfond (s.o.) wird noch mit Schlagsahne statt des Wassers kurz aufgekocht.

Bottarga:

ist die italienische Alternative zu Kaviar und eine Spezialität aus Sardinien. Es handelt sich um den getrockneten und gesalzenen Rogen von Meeräsche oder Thunfisch. Bottarga wird über Pasta gerieben oder dünn geschnitten mit Olivenöl und Zitrone als Vorspeise serviert ... einfach spitze.
Man kann es im Feinkostladen bestellen oder in einer italienischen Markthalle finden. Einziges Problem: Es kostet einiges ...

Bouquet garni alla Sante;

1 zerdrückte Knoblauchzehe, Lorbeer, Wacholder und ein Rosmarinzweig, alles geschält und zerstampft, in ein Stoffsäckchen gebunden.

Bratensauce

1 kg Fleisch und Knochenreste (Kalb- und/oder Schweinefleisch)
300 g Mirepoix
5 EL Olivenöl
1 l Rotwein, trocken
1 EL Mehl
1 EL Tomatenmark
Salz und Pfeffer

Fleisch und Knochenreste in einem Topf mit Mirepoix und Olivenöl anbraten. Mit Tomatenmark und ein wenig Mehl anrösten lassen, mit Rotwein ablöschen, mit Wasser auffüllen, 2 Stunde einkochen lassen. Passieren und leicht nachwürzen. Die Bratensauce lässt sich problemlos einfrieren.

Brunoise:

in sehr feine Würfel geschnittenes Gemüse.

Cartoccio

Cartoccio bedeutet das Garen in einer geschlossenen Folie – eine der besten Garmethoden die ich kenne. Es muss mit viel Flüssigkeit oder Saft zubereitet werden, da der eigene Dampf den Grundgeschmack noch intensiviert.
Bringen Sie das Cartoccio geschlossen zum Tisch, damit Ihre Gäste beim Öffnen den »Aha-Effekt« und den wohltuenden Duft der aromatischen Kräuter voll genießen können.
Nicht nur mit Alufolie, sondern auch mit Backpapier, Ölpapier oder Strudelteig lässt sich Cartoccio herstellen. Es muss gut verschlossen, aber nicht zu eng verpackt sein, damit der Dampf sich in der Cartoccio ausbreiten kann.
Cartoccio hat viele Vorteile: Es ist einfach zu servieren, bei sehr erzählfreudigen Gästen bleibt es länger heiß, es ist sehr elegant und nicht aufwändig. So haben Sie auch mehr von Ihren Gästen, schließlich sind diese nicht nur wegen Ihrer Kochkünste zu Ihnen gekommen.

Chiffonade:

in feinste Streifen geschnittener Salat.

Fischfond

Für 3 Liter Fischsud oder Brühe:
1 kg Fischkarkassen, gewaschen und ohne Kopf, da der Sud sonst zu trüb wird, 200 g Mirepoix ohne Karotten, denn der Sud muss klar und hell bleiben. Salz, Pfefferkörner, wenige Tropfen Weißweinessig, Petersilienstängel dazugeben und alles zusammen mit kaltem Wasser aufsetzen. Bis kurz unter den Siedepunkt erhitzen, abkühlen lassen und mit einem Tuch passieren. Sehr gut zum Abschmecken aller Fischgerichte geeignet, lässt sich wunderbar einfrieren.

Fleischtomaten

Bei Fleischtomaten immer die Kerne entfernen. Das Fruchtfleisch schmeckt so viel besser, ist milder und nicht so bitter.
Für Saucen immer schöne, reife Fleischtomaten einkaufen, am besten sind die Tomaten im August und September. Es hat kein Sinn im Winter Fleischtomaten für Saucen zu kaufen. In dieser Jahreszeit ist es schlauer Tomaten aus der Dose zu nehmen. Es handelt sich dabei um reife Tomaten, die für Saucen gut geeignet sind. Es gibt solche und solche, in diesem Fall macht der Preis wirklich die Qualität. Fleischtomaten nehme ich im Winter wirklich nur, wenn ich Fruchtstücke brauche.

Tomaten häuten:
Tomaten waschen, den Strunk mit einem Gemüsemesser entfernen, die Haut kreuzweise einritzen. In heißem Wasser ca. 15 Sekunden blanchieren, mit kaltem Wasser abschrecken, die Haut abziehen.

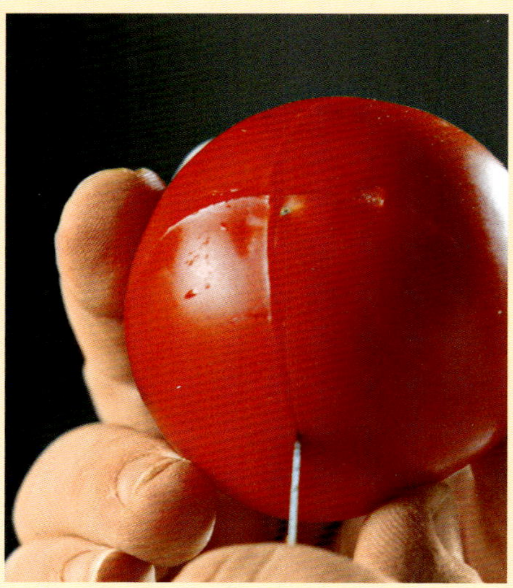

Fleischfarce

400 g Fleisch (Versionen gibt es mit Wild, magerem Schweine- oder Rindfleisch oder Geflügel, die Zubereitung ist immer die gleiche) in Würfeln schneiden, mit 100 g Mirepoix, 100 g Brotwürfeln, getrockneten Pilzen (Steinpilze, Morcheln oder Pfifferlinge, in kaltem Wasser aufgeweicht und klein gehackt), Olivenöl und aromatischen Kräutern in einer Pfanne anbraten, mit Rotwein ablöschen und garen lassen. Nachwürzen. Die gegarte Mischung durch den Wolf drehen und in einer Schüssel mit einem Eigelb, Kräutern, Salz, Pfeffer und 80 g reifem, geriebenem Käse (Parmigiano muss in diesem Fall nicht sein, Tirol hat auch so schöne Käsesorten) zu eine Masse vermengen. Evtl. mit Salz und Pfeffer abschmecken.

Flotte Lotte:

ist ein Küchengerät das in keinem italienischem Haushalt fehlen darf. Es handelt sich um eine Gemüsemühle, mit der weiches Gemüse, Kartoffeln, Tomaten aber auch gekochtes Obst, z. B. Äpfel zur Apfelmusherstellung, passiert werden können. Der Begriff »Flotte Lotte« hat sich eingebürgert, weil sie ursprünglich einmal unter dieser Bezeichnung auf den Markt gebracht wurde.

Gemüsebrühe:

Mirepoix, Lorbeerblätter, Pfefferkörner und grobes Meersalz und Wasser in einem Topf kalt aufsetzen. Ich gebe dazu noch die Schale von 2 Zwiebeln, dadurch wird die Brühe schön dunkel. Aufkochen lassen, zum Abkühlen zur Seite stellen, passieren. Am besten immer 3 Liter herstellen, es schmeckt immer besser als 1 Liter. Die Gemüsebrühe lässt sich wunderbar einfrieren.

Grüner Speck

ist der frische unbehandelte Rückenspeck vom Schwein.

Hummerkrabbe – Größe

auch Riesengarnelen genannt. Hummerkrabben, Garnelen, Shrimps, Prawns und andere Bezeichnungen für Krustentiere werden oft uneinheitlich verwendet. Es sind keine genauen zoologischen Bezeichnungen, sondern beziehen sich vielmehr auf die Größe der Tiere. Ein etwas einheitlicherer Maßstab für die Bezeichnung der Größen ist die Einteilung nach Stück pro englisches Pfund. Ein englisches Pfund (lb) = 453,59 Gramm (g).

Kennzeichnung wie z. B. 16/20 oder 8/12 bedeuten, dass 16–20, bzw. 8–12 Hummerkrabben o. ä. ein englisches Pfund ergeben. Also je nach dem, wie viele Tiere ein englisches Pfund aufwiegen, erhalten sie unterschiedliche Bezeichnungen.

- etwa 2 pcs/lb: *Tiger Prawns*
- bis 15 pcs/lb: *Prawns oder Jumbo*
- 16–20 pcs/lb: *extra groß*
- 21–30 pcs/lb: *groß*
- 31–40 pcs/lb: *medium*
- 40–180 pcs/lb: *tiny*

Julienne:

in feine, längliche Scheiben geschnittenes Gemüse

Karkasse:

eine Karkasse ist das Gerippe kleiner Tiere. Meist werden die Knochen von ausgelöstem Geflügel als Karkasse bezeichnet. Aber auch der Panzer von ausgebrochenen Krustentieren wie beispielsweise Hummer oder Langusten und die Gräten von ausgelösten Fischen werden als Karkasse bezeichnet. In der Küche bilden Karkassen die Grundlage für die Zubereitung von Saucen oder Suppen.

Käse

pecorino romano wird auch **Cacio** genannt. Dieser Hartkäse mit fester Form gibt Feinschmeckergerichten das »gewisse Etwas« an Geschmack. Er ist elfenbeinfarben oder schwarz umhüllt. Nach etwa acht Monaten Reifezeit kann er gerieben werden. Der pecorino *romano* ist würzig und leicht pikant. Ein prima Tafelkäse, aber auch ein typischer Reibekäse zur Abrundung regionaler Gerichte.

Bel Paese, schönes Land, ist der Markenname eines milden, halbfesten Käses der Firma Galbani aus der Lombardei. Dieser Kuhmilchkäse hat eine zarte, goldgelbe Haut und einen leicht säuerlichen, zarten Geschmack der an den deutschen Butterkäse erinnert.

Emmentaler ist ein in der Mittelschweiz produzierter Hartkäse aus Roh-Kuhmilch. Die Milch darf nur von »Emmentaler Milchkühen« stammen. Der Emmentaler hat einen charakteristischen süßlichen, leicht nussartigen Geschmack und Geruch.
Die Käselaibe, die aus der Schweiz exportiert werden, sind durch einen sternförmigen roten Stempel mit dem Schriftzug »Switzerland« markiert. So unterscheidet man das Original von Imitaten.

Gruyère, ein Hartkäse aus Rohmilch, wird in einigen Kantonen der Westschweiz hergestellt. Sein geschmeidiger, zarter Teig hat kleine Löcher, Risse und/oder Spalten. Der junge Gruyère (Reifezeit 4–5 Monate) ist gut geeignet für Käseplatten und kalte Käsegerichte. Nach 8–12 Monaten ist er vollreif und hat ein mild-würziges Aroma. Dann ist er zum Kochen am besten geeignet, da er den Geschmack feiner Gerichte noch nicht überdeckt. Nach 12 Monaten schmeckt er kräftig und leicht salzig.

Ricotta ist ein Frischkäse, der aus Molke der Milch hergestellt wird, die bei der Herstellung von Mozzarella, Provolone und vor allem von Pecorino anfällt. Er schmeckt verschieden, je nachdem ob er aus Kuh- oder Schafsmolke gewonnen wurde. Zudem gibt es regional ganz unterschiedliche Rezepturen. Eine Besonderheit unter den Ricottasorten ist der Ricotta *di bufala*, der aus Büffelmilch hergestellt ist. Er ist selbst bei uns in Italien eine Seltenheit und gilt unter Kennern als Delikatesse.

Ricotta schianta, apulischer Ricotta, ist oft mit scharfen Peperoni aromatisiert und ausgereift. Man findet ihn in Markthallen oder bei guten Käsehändlern. Leider ist er nicht günstig, dafür aber sehr lecker.

Fontina ist ein Hartkäse aus dem Aosta-Tal. Er hat einen weichen, elastischen Teig mit wenigen Löchern. Der Käse hat einen milden und zarten Geschmack und zergeht auf der Zunge.

Castelmagno wird als berühmteste und wertvollste Käsesorte Italiens bezeichnet, je nach Reifezeit mit einem feinen bis würzigen Geschmack. Der halbfette Käse aus dem Piemont wird auf der Grundlage von Kuhmilch und mit kleinen Zugaben von Schafs- oder Ziegenmilch (oder von beiden) hergestellt. Der Teig ist körnig und hat eine perlweiße oder gelbe Farbe. Wenn der Käse sehr alt ist, hat er eine goldgelbe Färbung mit blauen Äderungen.

Scamorza ist ein halbfester Schnitt-Frischkäse aus Büffelmilch. Ein guter Ersatz zur herkömmlichen Mozzarella. Seine Birnenform und der gelbliche Teig, der für einen Frischkäse sehr kompakt ist, machen ihn unverwechselbar. Scamorza schmeckt angenehm frisch. Als besondere Delikatesse gilt die geräucherte Variante.

Fiordilatte: runder Mozzarella aus Kuhmilch statt aus Büffelmilch.

Ovoline: eierförmiger Mozzarella aus Kuhmilch statt aus Büffelmilch.

Pecorino sardo stagionato: der *stagionato* ist die gereifte Variante des sardischen Pecorino. Dieser Hartkäse wird ausschließlich aus der Vollmilch vom Schaf gewonnen. 5–6 Monate lang gereift wird der Teig hart und beim Schneiden kompakt oder gesplittert. Der Geschmack ist stark und intensiv aromatisch. Als *stagionato* (oder auch *maturo*) rundet er geriebene Nudelgerichte und sardische Suppen ab und ist Zutat des *pesto alla genovese*.

Parmigiano-Reggiano ist eine der härtesten Käsesorten der Welt. Er ist nach der Stadt Parma in der Region Emilia Romagna benannt und nur aus dieser Region darf er auch stammen. Seine Besonderheit ist die körnig-bröckelige, kristalline Struktur. Der Geschmack ist intensiv und lang anhaltend, vollmundig und würzig bis nussig. Hergestellt wird er aus Rohmilch von Kühen, die ausschließlich mit Gras, Heu und Luzerne gefüttert wurden. Er wird von April bis Mitte November hergestellt, aber – mein Tipp für euch: unter Feinschmeckern gilt der Herbstparmesan als der Beste.

Grana padano ist ebenfalls ein Extrahartkäse aus Italien. Er wird oft mit dem Parmigiano-Reggiano verglichen. Für die Herstellung von Grana padano darf jedoch Milch von Kühen verwendet werden, die auch anderweitig gefüttert wurden und er darf auch in einigen anderen Provinzen hergestellt werden, die gesetzlich festgelegt sind. Sein Geschmack ist etwas weniger ausgeprägt als der des Parmesan, was jedoch auch daran liegt, dass er oft noch jung verkauft wird. Ein reifer Grana kann es jedoch durchaus mit Parmigiano aufnehmen.
Wenn es sich um ein mild schmeckendes Gericht handelt, dessen Eigengeschmack vom Käse nicht überlagert werden soll, ist geriebener Grana sogar vorzuziehen.

Kapaun:

ein Kapaun ist ein junger kastrierter Riesenmasthahn, er wiegt ungefähr 3,5 kg. Kapaune werden nur im Dezember angeboten. Früher waren sie klassische Weihnachtsbraten, heute sind sie weitestgehend in Vergessenheit geraten.
Kapaunbrühe: Für 5 Liter: $^1/_2$ Kapaun, 400 g Mirepoix, Lorbeerblätter, Pfefferkörner und grobes Meersalz in einen Topf mit Wasser kalt aufsetzen. Aufkochen lassen, abschäumen, Temperatur unter den Siedepunkt stellen, 3 Stunde ziehen lassen. Durch ein Passiertuch lassen.

Kaviar

Ketakaviar, auch Lachskaviar: Kaviar vom Ketalachs, große, rote Körner, gern etwas salzig, aber mehr als nur Kaviarersatz.
Beluga-Kaviar: der hell- bis dunkelstahlgrauer Kaviar aus 3–5 mm dicken Beluga-Rogen ist wohl der größte unter den Kaviar-Arten. Er ist schon deshalb besonders kostbar, weil das Weibchen in einem Drei-Jahre-Rhythmus erstmalig im Alter von ca. 20 Jahren laicht. Bei uns finden Sie den Beluga abgefüllt in der Dose mit dem blauen Deckel.
Sevruga-Kaviar: Der vom Sevruga-Stör stammende Kaviar hat ein sehr dünnschaliges, im Durchmesser 2 mm großes Korn. Es ist dementsprechend empfindlich. Kenner schätzen das kräftige und würzige Aroma des Servruga-Kaviars.

Keniabohnen:

eine besonders dünne faden- und samenlose Delikatessgartenbohne

Lardo di Colonnata:

sehr bekannter italienischer Rückenspeck, im Feinkostladen erhältlich.

Knoblauch

Knoblauch als Ansatz für Pastasaucen immer in sehr feine Scheiben schneiden, nie fein hacken. Es hat verschiedene Vorteile, z. B. können die Gäste entscheiden ob sie den Knoblauch mitessen möchten oder nicht, es ist aromatischer und sieht zudem auch noch schöner aus.

Aglio in camicia: mit der Schale zerdrückte Knoblauchzehe

Kräuter

Basilikum sowie andere empfindliche aromatische Kräuter wie Rosmarin, Salbei und Thymian nur sehr kurz unter kaltem Wasser abbrausen, sofort danach gut abtupfen. Manche Sorten sollten Sie nicht waschen, da sonst Aromastoffe und Konsistenz verloren gehen können und sie sich schlechter schneiden lassen. Sie werden zu weich und sind nicht mehr knackig.

Für das Zerkleinern der Kräuter und auch von Spinat möglichst keine elektrischen Geräte benutzen. Diese zerstören wichtige ätherische Öle. Beim Zerkleinern der Kräuter mit dem Messer oder im Mörser bleiben diese erhalten.

Löffeltest

Um herauszufinden, ob die Füllung der Pasta die richtige Konsistenz hat, gibt es einen einfachen Trick: den Löffeltest. Die Masse muss am Löffel kleben bleiben. Ist die Masse zu hart: ein Ei dazu ist sie zu weich hilft ein Esslöffel Paniermehl.

Muscheln

Miesmuscheln und Venusmuscheln:
1 kg Muscheln in einem Topf mit 1 Knoblauchzehe (ganz und zerdrückt), 2 scharfe Peperoni, 10 EL Olivenöl und ein wenig Petersilienstängel scharf anbraten, mit 1 Glas Weißwein ablöschen und zugedeckt bei großer Flamme öffnen lassen. Es kann bis zu 10 Minuten dauern.
Abkühlen lassen, das Muschelfleisch aus den Schalen lösen und den Sud durch ein feines Sieb passieren, er ist optimal zum Verfeinern von verschiedenen Fischgerichten. Der Sud kann auch im Tiefkühlfach aufbewahrt werden.

Mirepoix

Röstgemüse: 1–2 cm große Würfel von angeschmorten Karotten, Zwiebeln, Sellerie, Lauch Knoblauch, Lorbeer, Thymian als würzende Beigabe zu Saucen, Schmorbraten, Ragouts, Fisch usw. Die Zusammensetzung richtet sich nach der Verwendung.

Olivenöl

Für Pastasaucen immer kaltgepresstes Olivenöl benutzen. Es ist nicht unbedingt nötig das Beste zu kaufen, man kann heute ein durchschnittliches kaltgepresstes Olivenöl für ca. € 6,- pro Liter kaufen.

Pancetta tesa oder arrotolata:

Bauchspeck vom Schwein, am Stück und flach oder zugerollt, nicht geräuchert, sondern nur gewürzt und getrocknet. Pancetta tesa schmeckt einfach genial. Er ist in italienischen Feinkostläden zu bekommen.

Panna da cucina:

Die Panna da cucina ist vergleichbar mit der Crème double hier in Deutschland. Italiener benutzen Schlagsahne fast ausschließlich für Patisserie-Zubereitungen. Mittlerweile findet man Panna da cucina auch in italienischen Feinkostläden. Vorsichtig, nur kalt rühren!

Paprika schälen

Um Paprika fein zu verarbeiten, wird er möglichst geschält. Außerdem bekommt er dann eine wunderbare Süße. Am besten lässt man die Paprika auf offener Flamme oder bei 220 °C im Backofen richtig schwarz werden (das dauert eine Weile). Dann abkühlen lassen und ganz einfach die Haut abziehen.

Peperoni

Ich bevorzuge immer trockene Peperoni aus Kalabrien, am liebsten die Sorte »Cerase«, sie lassen sich besser dosieren, schmecken nicht so herb, besitzen eine sehr ausgewogene Schärfe und lassen sich besser zerkleinern als frische. Für mich sind die getrockneten Peperoni der beste Ersatz für Pfeffer. Trockene Peperoni charakterisieren Italien viel stärker als die frischen.

Pesto alla genovese:

Was viele Leser nicht wissen: Das Originalrezept verlangt noch gekochte, in Würfel geschnittene Kartoffeln und gekochte Keniabohnen. Wusstet Ihr das? Nein? Jetzt wisst Ihr's! Also los:

Je 150 g folgender Zutaten mörsern:
Parmigiano Reggiano und Pecorinokäse (halb und halb)
Basilikum
Pinienkerne
Olivenöl
Knoblauch
1/2 gekochte Kartoffel und 50 g gekochte Keniabohnen sehr klein schneiden und untermischen, mit Salz und Pfeffer kräftig würzen.

Petersilie

Ich nehme nur südländische Blattpetersilie. Sie ist sehr aromatisch, lässt sich gut waschen und trockentupfen. Blattpetersilie sorgfältig zupfen, die Strünke dürfen zu verschiedene Zubereitungen genutzt werden (Brühe, Fonds, Saucen usw.). Die Petersilie wird dann fein gehackt und in einem Tuch unter fließendem kalten Wasser gewaschen. Das Tuch gut abtropfen, die Petersilie auf Küchenpapier ausbreiten, trocknen lassen. Sie hält so mehrere Tage, wird nicht matschig, bleibt aromatisch und lässt sich gut einfrieren. Immer ein ganzes Bund machen, dann lohnt sich die Mühe.

Pilze

Steinpilze, Pfifferlinge und manche Sorten Champignons wasche ich nie. Ich putze Edelpilze mit einem Gemüsemesser sorgfältig am Kopfbereich und säubere die Oberfläche des Strunkes. Es ist mühsamer, aber das Endresultat lohnt sich. Mit dieser Arbeitsmethode sind die Pilze knackiger, sie ziehen beim Braten keine Flüssigkeit und ihr Saft ist wesentlich schmackhafter.

Radicchio di Treviso

ist ein dem Chicorée ähnlicher Radicchio.

Ragú all' emiliana:

Das Ragú ist die bekannteste Pastasauce der Welt, in Deutschland heißt sie »Bolognese«. In Bologna ist die Bolognese allerdings nur bekannt, weil jeder ausländische Gast danach fragt.
Mageres Schweine- und Rindfleisch im Verhältnis 50/50 mit Mirepoix in Brunoise geschnitten mit Olivenöl in einem Topf anbraten. Mit Rotwein ablöschen und mit geschälten Tomaten auffüllen. 4 Stunden köcheln lassen. 5 Minuten vor Ende der Garzeit in feine Scheiben geschnittene Pilze und frisches Basilikum dazugeben, nachwürzen. Zwei EL dieses Extrakts würzen 100 g Pasta!

Tomatensauce

mild: In einem Topf 25 g Butter mit 4 EL Olivenöl schmelzen lassen. Die Zwiebel dazugeben, glasig angehen lassen. 1 l geschälte Tomaten dazugeben, 2 EL Basilikum dazugeben. 20 Minuten auf kleiner Flamme köcheln lassen. Zum Schluss wird die Sauce zerstampft, sie wird dadurch nicht nur schön sämig, es werden auch noch mal alle Zutaten ordentlich vermengt.
scharf: 1 Knoblauchzehe, in feine Scheiben geschnitten mit 2 scharfen Peperoni, 30 g gehackter Petersilie und 10 EL Olivenöl scharf braten, 1 l geschälte Tomaten dazugeben, 20 Minuten köcheln lassen. Zerstampfen und nachwürzen.

Trüffel / Trüffelöl

Trüffel sind, wenn man das Verhältnis von Preis und Gewicht zugrunde legt, eine der teuersten Lebensmittel der Welt. Aber mit einer kleinen Menge kann man schon Köstliches zubereiten.
Damit sich der Geruch der Trüffel entfaltet, braucht es einen »Geschmacksträger«. Am besten dafür eignen sich Butter oder Eigelb. Trüffel wird nach der Zubereitung der Pasta frisch in hauchdünnen Scheiben auf das Gericht gerieben. Man sollte den Trüffel vor der Zugabe nicht waschen, sondern mit einer Zahnbürste die Erdkrümel sorgfältig abbürsten.

Es gibt eine ganze Reihe von Trüffelarten, darunter sind einige überaus wertvoll und wieder andere günstiger, da häufiger und weniger schmackhaft.

Im Piemont wächst die weiße Trüffel, genannt tartufo bianco di Alba (Alba-Trüffel), sie gilt als die beste der Welt. Trüffel ist nicht unbedingt Grundelement eines Gerichts, sondern sie kann viele Speisen mit ihrem besonderen Geschmack verfeinern – auch eine einfache Küche. Die beste Zeit für Trüffel ist Spätherbst und Winteranfang, der Sommertrüffel ist etwas milder im Geschmack und daher nicht so beliebt wie der Wintertrüffel.

Ich habe Euch zur Orientierung ein paar ungefähre Preisangaben für Trüffel gemacht:

Preis pro kg:

- Schwarz, China: ca. € 300,-
- Schwarz, Osteuropa: bis € 700,-
- Schwarz aus Italien (Umbrien, Marken oder Piemont):
  Sommertrüffeln, € 400,-; Wintertrüffeln bis € 1500,-
- Weiß, Frankreich bis € 4000,-
- Weiß, Alba oder Acqualagna, bis € 7000,-

Um sich den Geschmack der Trüffel ein wenig zu erhalten, kann man ein leckeres **Trüffelöl** herstellen:
2 schwarze Trüffeln
$^{1}/_{2}$ l Olivenöl
Trüffeln putzen und fein reiben. Mit Olivenöl vermengen. In ein Einmachglas geben, bis zum Rand füllen, Glas zuschließen, in Wasser mit dem Verschluss nach unten 20 Minuten köcheln lassen. Ausschalten und über Nacht stehen lassen. Am Tag danach das Öl in Flaschen füllen, die Flaschen mit Alufolie ummanteln. Kühl und dunkel lagern. Vor Gebrauch kräftig schütteln. Es kann ziemlich lang aufbewahrt werden.

Weißwein

Trockener Weißwein: Am besten aus Latium. Ob Pinot, Riesling, Chardonnay ist dann Geschmacksache.

Register

2., durchgesehene Auflage 2009

Gestaltung und Satz
Böning Design, Verena Böning, München

Lithografie
RGD, Digitale Medientechnik, Langen

Druck und Verarbeitung
NINO Druck GmbH, Neustadt an der Weinstraße

NINO Druck ist nach PEFC zertifiziert und gehört zu den Betrieben, die Engagement zeigen für die Umwelt und ihre Verantwortung im Umgang mit dem Roh- und Werkstoff Holz (Papierherstellung). PEFC garantiert eine kontrollierte Verarbeitungskette – unabhängig überwacht und lückenlos nachvollziehbar von zertifizierten und wieder aufgeforsteten Wäldern über Holz verarbeitende Betriebe bis zum Endprodukt.

Alle Gerichte wurden auf Tellern der Linie Grande/ASA-Selection angerichtet.

Der Firma Silit danken wir herzlich für das Kochsystem Elements und die praktischen Küchenhelfer.

Alle Fotos der Rezepte und der Pastaherstellung: Nik.Biver

© Fotos Seite 23: Silit-Werke

Landschaftsaufnahmen:
Stuart Blyth/Fotolia (S. 4, oben)
Francis Vansteenwinch/Fotolia (S. 4, u.r.)
Mary Lane/Fotolia (S. 4, u.l.)
Mary Lane/Fotolia (S. 9, oben)
Mike Milne/Fotolia (S. 9, unten)
Hannes Strasser/Fotolia (S. 44, oben)
Hannes Strasser/Fotolia (S. 44, unten)
Rainer Schmittchen/Fotolia (S. 45, o.l.)
Viktoriya Romanenko/Fotolia (S. 45 o.r.),
Francis Vansteenwinch (S. 45, u.r.)
Norman Pogson/Fotolia (S.166, o.l.)
Gerhard Führing/Fotolia (S. 166, o.r.)
Foto Fritz/Fotolia (S.166, unten)
Cristina Ferrari/Fotolia (S. 167, o.l.)
Javier Arizabalo/Fotolia (S. 167, o.r)
Rainer Schmittchen/Fotolia (S. 167, u.l.)
Andrew Jo Chambres/Fotolia (S.167, u.r.)
Printed in Germany
ISBN: 978-3-86528-258-3

Besuchen Sie uns im Internet
www.umschau-buchverlag.de